本土決戦と外国人強制労働

長野県で働かされた
朝鮮人・中国人・連合国軍捕虜

【編著】長野県強制労働調査ネットワーク
【監修】山田 朗

高文研

はじめに

　アジア太平洋戦争の終結から80年近くになろうとしています。戦争体験者は高齢化し、間もなく戦争を知らない世代だけの社会になろうとしています。戦争中の出来事を伝え、継承していくことがますます大切となっています。

　アジア太平洋戦争中の長野県は、兵士や食料、軍馬などを含む物資等を供給する「銃後」であると同時に水力発電によるエネルギー供給地とされ、木曽谷をはじめ各地に発電所が建設されました。また戦争末期には、その地理的位置や地形によって、空襲を避けて多くの工場が疎開してきたり、都会から学童が疎開してきました。また松代大本営工事にみられるように本土決戦体制に組み込まれました。そのため戦争や軍に関係した施設がつくられるとともに、施設建設の労働力不足を補うため、朝鮮人労働者をはじめ中国人や連合国軍捕虜等の外国人が連行され苛酷な労働を強いられ多くの犠牲者が出ました。しかし、その記録はほとんど残されていず、慰霊や反省、謝罪も現在に至るまで不十分なままです。

　私たちは、長野県下それぞれの地域で、戦争中の出来事、特に朝鮮人、中国人、連合国軍捕虜など外国人の強制労働についての調査を進め、戦争中の強制労働に関わった人々を探し、それらの人々から「生の声」を聞き取り、うずもれてしまっている外国人強制労働の実態を掘り起こす活動を進めてきました。時には、当時の関係者を訪ねて、韓国や中国に足を伸ばして調査したこともありました。

　そのようななかで、身近な地域だけでなく、長野県全体として調査していく気運が高まり、2010年4月に長野県下の戦争遺跡保存や外国人強制労働の掘り起こしを進めていた3団体（NPO法人松代大本営平和祈念館・松本強制労働調査団・平岡ダムの歴史を残す会）が中心となって「長野県強制労働調査ネットワーク」を立ち上げ、現地でのフィールドワークや各地でのシンポジウムを積み上げてきました。その成果を、明治大学の山田朗教授に監修していただき本書発行にこぎつけることができました。

　本書のねらいは、戦時下長野県内での外国人強制労働の実態をまとめることを通して、当時の長野県の置かれていた位置や加害の事実を明らかにすることにあります。私たちは本書発行を新たな出発点とし、今後さらに史実を掘り起こす活動や、そこから明らかになった事柄を広く伝えていく活動に力を入れていきたいと思っています。

　本書の構成は、アジア太平洋戦争中の外国人強制労働について、日本全体の動き、長野県の動き、長野県下各地での記録、の順となっています。どこから読んでいただいても結構です。

長野県強制労働調査ネットワーク

装幀　中村　くみ子

序　アジア太平洋戦争と外国人強制労働

山田　朗

はじめに

　アジア太平洋戦争中、とりわけ日本本土が空襲にさらされ、本土決戦が現実のものとして想定されるようになると、軍需工場や軍事施設の新設・移転が盛んに行われるようになった。敵側の空襲を前提としてこれらの工事は行われたため、多くの場合、工事現場は内陸部の山岳地帯で、施設の秘匿と防空の必要性からトンネルの掘削を中心とする作業が不可欠のものとなった。発破や落盤などによって危険性が高く、現在のように機械化されていない条件のもとで、地下の狭く換気不良の環境に多くの労働者を投入する作業は非常に過酷なものであった。軍関係の工事は、完成期日を厳格に守ることが要求されたため、請負った建設業者も作業の進捗を第一に考え、労働者の労働環境や住環境、保安衛生面を省みる余裕を持たなかった。こうした労働現場にしばしば投入されたのが、朝鮮人や中国人などの外国人労働者であった。

　現在、全国で「本土決戦遺跡」と呼べるような戦争遺跡の調査・発掘と保存・活用が進んでいるが、外国人の強制連行・強制労働といった加害性を帯びた戦争遺跡は「観光化」の目玉となりにくいために保存・活用に困難を伴っているケースが少なくない。だが、そういった加害性を持った遺跡こそ、そのようなことが繰り返されないために、戦争と植民地支配の真実を今日に伝える極めて重要な存在である。また、それらの遺跡こそ多くの日本人の歴史認識の欠落（植民地・占領地支配の記憶の欠落）を埋める役割を果たすものである。

　ここでは、加害性を有する戦争遺跡の重要性を考える前提として、戦前における国際的な「強制労働」の認識と朝鮮半島からの労働者の強制連行について概観をした上で、アジア太平洋戦時中、強制連行・強制労働と呼ばれることがどのように政府によって推進されていったのか、その決定の中身について具体的に検討していきたい。

国際的な「強制労働」認識 —— ILOによる強制労働条約

　戦前において「強制労働」はどのように捉えられていたのか。1930（昭和5）年6月、国際連盟の国際労働機関（ILO）は第14回総会において「強制労働に関する条約」を採択し、当時、国際連盟の常任理事国であった日本も1932

4

年11月に本条約を批准している。本条約は、条約発効の1930年5月1日から5年以内に「各締盟国ハ能フ限リ最短キ期間内ニ一切ノ形式ニ於ケル強制労働ノ使用ヲ廃止スルコトヲ約ス」（第1条）としている。そして、「本条約ニ於テ『強制労働』ト称スルハ或者ガ処罰ノ脅威ノ下ニ強要セラレ且右ノ者ガ自ラ任意ニ申出デタルニ非ザル一切ノ労務ヲ謂フ」（第2条）とされている。つまり、「強制労働」とは処罰の脅威のもとに強制され、労働者の任意の意思に基づかない労働ということであるが、本条約は兵役、市民的義務を構成する労務、裁判の判決に基づいて強要される労務、緊急な場合（例えば戦争や災害などの際）に強制される労務、地域社会における慣行的労務などはここでいう「強制労働」には含まれない、としている。また、本条約は、経過措置期間における「強制労働」の存在を容認しているが、それでも「強制労働ハ鉱山ニ於ケル地下労働ノ為使用セラルルコトヲ得ズ」（第21条）としていることは注目すべき点である。例外規定を設け、経過措置期間中の「強制労働」を容認している本条約においても、あえて「鉱山ニ於ケル地下労働」としての「強制労働」を無条件で排除しているのは、この種の労働がとりわけ「強制労働」の温床になりやすかったからであろう。

　日本政府は1933年に国際連盟に脱退を通告し、国際労働機関からも1940年には脱退しているので、アジア太平洋戦争期において日本が「強制労働に関する条約」の拘束下にあったか否かは微妙なところだが、それでも一度は批准した条約を無視して良いというものではなかったはずである。

朝鮮半島からの強制連行

　1937年7月に日中戦争が始まって日本国内で多くの男性が兵役にとられるようになり、深刻な労働力不足が生じると、日本本国に朝鮮から労働者を強権的に移入させようとする政策、いわゆる朝鮮人強制連行が開始された。強制連行は、「募集」（1939年7月）、「官斡旋」（1942年2月）、「徴用」（1944年9月）と段階的に強化されていった。

　第1段階の「募集」は、主として日本の民間事業主による朝鮮人労働者の「募集」という形式をとっていたが、確保すべき労働者数が朝鮮の郡・面（村）に割りふられたため、朝鮮総督府は、凶作地の農民を中心に強権的に人員を集め、集団的に日本に送りこむやり方をとった。第2段階の「官斡旋」の段階では、総督府の行政機関とその外郭団体である「朝鮮労務協会」が労働者の確保・訓練・移送を行い、日本企業に引き渡した。

　1938年4月に公布された国家総動員法にもとづく国民徴用令が、1944年に朝鮮にも適用される第3段階になると、「募集」「官斡旋」段階よりもさら

に強制の度合いが強められた。内務省の調査によれば、1939 年から 1945 年の「募集」「官斡旋」「徴用」の 3 段階を通じて、日本国内に 72 万人以上が連行されたとされているが、実際には 100 万人を越えたとの推計もある。このように強権的に自らの仕事場・生活の場を変えられた朝鮮の人びとをまっていたのは強制労働であった[註2]。

アジア太平洋戦争期には、日本各地の工場や土木工事現場・軍事施設建設現場に動員された朝鮮人徴用工は、多くの場合、自分の意思で転職したり、居住地を変えられないきわめて抑圧的な条件のもとで労働・生活を強いられた。当時、多くの日本人も徴用工として軍需産業などの仕事に動員されたが、たいていは自分の生活圏内での労働であったのに対し、朝鮮から「連行」された徴用工は、私生活を含めて憲兵や警察等に監視されていたのである。職を求めて、自分の意思で朝鮮から日本に働きにきた人びともいたが、監視と暴力に取り囲まれた生活・労働環境のなかで、多くが自分たちが「強制労働」をさせられていることに改めて気づかされることになったのである。

日本国内に「強制連行」された朝鮮人労働者が、集団的に強制的な重労働に従事させられていた作業所は、全国 1100 カ所以上におよんでいた。強制労働も、形式的には契約期間（2〜3 年）があり、賃金の支払いが定められていたが、現実には、多くの場合、強権的に再契約を強いられたり、日本人に比べて賃金を低くおさえられたり、未払いのまま放置されたり、強制貯金の未返還など差別的な待遇・不利益をこうむることが多かったとされている。

アジア太平洋戦争期の強制連行・強制労働——政府決定の推移

1942 年段階：外国人労働者の強制連行・強制労働の決定

朝鮮半島からの労働力移入（強制連行）についてはすでに概略を述べたが、ここではアジア太平洋戦争期における外国人（中国人・朝鮮人）労働者の強制連行と強制労働について日本政府がどのような決定をしていったのかを閣議決定文書を時系列的に追いながら見ていこう。前述した朝鮮半島からの強制連行の第 2 段階の「官斡旋」に移行することを決定したのが、東條英機内閣の下での「朝鮮人労務者活用ニ関スル方策」（1942 年 2 月 13 日閣議決定）である。その「第一　趣旨」にはこのようにある（下線とふりがなは引用者）。

第一　趣旨
軍要員ノ拡大ニ伴ヒ内地ニ於テハ<u>基礎産業ニ於ケル重労務者ノ不足特ニ著シク</u>従来此ノ種労務者ノ給源タリシ農業労力<ruby>亦<rt>また</rt></ruby>逼迫シ来リタル結果応召者ノ補充スラ困難ナル実情ニ在リ<ruby>茲<rt>ここ</rt></ruby>ニ於テ<u>此ノ種労務者ノ需給ニ未ダ弾力ヲ</u>

有スル朝鮮ニ給源ヲ求メ以テ現下喫緊ノ生産確保ヲ期スルハ焦眉ノ急務タリ而シテ従前ヨリ朝鮮人労務者ニ依存セルコト少カラザリシ土建、運輸等ノ事業ニ於テモ最近之ニ期待スルコト益々大ナリ

然ルニ朝鮮人労務者ノ内地送出並ニ之ガ使用ニ関シテハ複雑ナル事情交錯シ内鮮ノ指導必ズシモ一致セズ之ガ為生ジタル弊害亦少カラズ、今ヤ内地労務者ノ資質ニ鑑ミ所要ノ朝鮮人労務者ヲ内地ニ於テ活用スルハ不可決ノ要請ナルヲ以テ此ノ機会ニ於テ既往ノ経験ヲ省察シ其ノ施策ニ統一ト刷新トヲ加ヘ内鮮共ニ真ノ指導性万全方策ヲ確立シテ速ニ之ヲ実行スルコト最モ必要ナリ而シテ其ノ要ハ労務ノ活用ト同時ニ教化ヲ重ンジ以テ朝鮮統治ノ大方針ヲ推進スルト共ニ此等育成セラレタル労務者ハ之ヲ朝鮮ニ還元シ朝鮮ノ我ガ大陸前進基地タル地位ノ強化ニ資セシムルニ在リ（註3）

　ここでは「基礎産業における重労務者」（肉体労働者）の不足を補うために、「此ノ種労務者ノ需給ニ未ダ弾力ヲ有スル朝鮮ニ給源ヲ求メ」るとある。この場合の「弾力ヲ有スル」とは余裕があるという意味である。兵力動員によって日本国内の労働力供給源はほとんど枯渇しているので、まだ余裕があると考えられる朝鮮からの労働力移入を強化するというのである。ここで従来のやり方では「弊害亦少カラズ」としていることは重要である。具体的には記されていないが、労働力は朝鮮においても「内地」においても必要とされているので、朝鮮と「内地」の間で取り合いになる。そこでこの決定では、「其ノ要ハ労務ノ活用ト同時ニ教化ヲ重ンジ」とし、朝鮮人労働者を「内地」に移入し、そこで活用するだけでなく「教化」することによって、将来的には「朝鮮ニ還元シ朝鮮ノ我ガ大陸前進基地タル地位ノ強化ニ資セシムルニ在リ」としている。日本で「教化」された朝鮮人労働力がいずれは朝鮮に戻り朝鮮の「地位ノ強化」の助けになる、というのである。このような理屈をつけてまで労働力の移入を行わなければならなかったのは、植民地朝鮮と大日本帝国本国との間の矛盾・軋轢を示すものであると同時に、強権的に移入された労働者に対する暴力的管理が「教化」という理念が付加されることでさらに強められたことを意味している。さらにこの「朝鮮人労務者活用ニ関スル方策」の「第二　方針」には次のようにある。

　　第二　方針
　　一、本方策ハ軍要員ノ拡大ニ伴フ内地労務動員ノ実情ニ鑑ミ朝鮮ニ於ケル適材ヲ内地総動員業務ニ活用シ以テ人的国力ノ総合発揮ニ遺憾ナカラシムベキ基本観念ノ下ニ之ヲ実施スルモノトス
　　二、本方策ニ基ク朝鮮人労務者ハ有為ナル青少年ヲ選抜シ必要ナル訓練

ヲ加ヘ之ヲ送出スルモノトス

三、右朝鮮人労務者ハ十分ナル国家ノ指導保護ノ下ニ之ヲ使用セシメ優秀ナル皇国労務者トシテ之ヲ育成シ一定期間（概ネ二年）ニ之ヲ補充交代セシメ以テ朝鮮ニ於ケル人的国防資源ノ強化ニ資スルモノトス

四、本方策ニ基ク労務者ノ送出ハ朝鮮総督府ノ強力ナル指導ニ依リ之ヲ行フモノトシ所要ニ応ジ国民徴用令ヲ発動シ要員ノ確保ヲ期スルモノトス

五、本方策ニ依ルモノ外朝鮮人労務者ノ内地ニ於ケル就労ハ内地及朝鮮ニ於ケル労務統制ノ強化ニ伴ヒ此ノ統制下ニ行ハルル如ク従来ノ方針ヲ統一スルモノトス

六、本方策ノ実施ニ伴ヒ現ニ内地ニ在住スル朝鮮人ニ対シ徴用又ハ国民勤労報国隊ヘノ参加等労務動員ノ強化ヲ図ルモノトス

　この部分で、労働力の送出は、朝鮮総督府の指導により「有為ナル青少年ヲ選抜シ必要ナル訓練ヲ加ヘ」た上で行うとされているが「所要ニ応ジ国民徴用令ヲ発動シ要員ノ確保ヲ期スル」ともあり、送出よりも国内への吸引の仕組みが強化されていることがわかる。同時に「内地」に在住する朝鮮人に対しても「徴用又ハ国民勤労報国隊ヘノ参加」による労務動員が強要されるようになる。1942 年の「官斡旋」段階で、政府はすでに将来における朝鮮人への徴用も視野に入れていたことがこの資料からもわかる。この部分に続く「第三　要領」では次のようにある。

　第三　要領
一、朝鮮ニ於テハ要員ノ選抜及之ガ訓練ニ関シ左ノ如ク施策スルモノトス
イ　要員ハ年齢概ネ満十七歳乃至二十五歳ノ男子ニシテ心身健全ナルモノヲ選抜ス但シ要員ノ選抜困難ナルトキハ年齢ノ範囲ハ之ヲ拡大スルコトヲ得
ロ　要員ニハ青年訓練施設等ヲ活用シ精神教育、国語教育等ノ外特ニ団体行動並ニ共同生活等ニ必要ナル基礎的訓練ヲ加ヘ且所要ノ幹部ヲ養成ス
ハ　要員ハ隊組織ヲ編成セシメ各単位ニハ国語ヲ解スル者ヲ配置ス
二、内地ニ於テハ本方策ニ依ル朝鮮人労務者使用ノ為特ニ左ノ如ク施策スルモノトス
イ　本要員ヲ使用セシムル工場事業場ハ特ニ重労務者ヲ必要トシ且之ガ使用ニ適スル施設ヲ具備スルモノニ付重点的ニ之ヲ選定シ漸次其ノ範囲ノ拡大ヲ図ル
ロ　徴用ニ依リ要員ヲ配置スル場合ヲ顧慮シ関係工場事業場ヲシテ速ニ之ニ適応スル態勢ヲ整備セシム

ハ　本要員ノ処遇ヲシテ形而上下ニ亘リ内地人ト異ル所ナカラシム

三、本方策ニ依リ内地ニ送出スベキ労務者ハ食糧、住宅、輸送等ノ実情ニ鑑ミ家族ヲ携行セシメザルヲ例トス

四、本方策実施ノ為朝鮮ニ於テハ人員動員機構ヲ充実シ警察機能ヲ強化スル等必要ナル対策ヲ実施スルモノトス〔後略〕

　この段階では、朝鮮半島への国民徴用令の適用も視野に入れながらも、それでもあくまでも選抜された要員の「内地」送出が謳われており、「家族ヲ携行セシメザル」とされている。しかし、このことが足かせとなって、朝鮮半島からの労働力移入が進まなかったため、1944年2月10日の閣議決定において「家族ヲ携行セシメザル」との規程は、「本方策ニ依ル内地送出ノ労務者ニシテ二年ヲ超ユル雇傭期間ノ出勤ニ應ジタルモノニ對シテハ別ニ定ムル所ニ依リ家族ノ呼寄ヲ認ムルモノトス」と変更された。

　東條内閣は、朝鮮人労働者の強制連行だけではなく、1942年段階で中国人労働者の強制連行も決定した。中国人強制連行に関する最初の政府決定が、「華人労務者内地移入ニ関スル件」（1942年11月27日閣議決定）である。そこには次のようにある。

第一　方針
内地ニ於ケル労務需給ハ愈々逼迫ヲ来シ特ニ重筋労働部面ニ於ケル労力不足ノ著シキ現状ニ鑑ミ左記要領ニ依リ華人労務者ヲ内地ニ移入シ以テ大東亜共栄圏建設ノ遂行ニ協力セシメントス
第二　要領
一、本方策ニ依リ内地ニ移入スル華人労務者ハ之ヲ国民動員計画産業中鉱業・荷役業・国防土木建築業及其ノ他ノ工場雑役ニ使用スルコトトスルモ差当リ重要ナル鉱山、荷役及工場雑役ニ限ルコト
二、移入スル華人労務者ハ主トシテ華北ノ労務者ヲ以テ充ツルモ事情ニ依リ其ノ他ノ地域ヨリモ移入シ得ルコト　但シ緊急要員ニ付テハ成ル可ク現地ニ於テ使用中ノ同種労務者並ニ訓練セル俘虜帰順兵ニシテ素質優良ナル者ヲ移入スル方途ヲモ考慮スルコト [註4]

　この閣議決定によって主として中国華北から中国人捕虜が日本国内に「移入」されることになる。これは前述のILO「強制労働に関する条約」第2条でいうところの「処罰ノ脅威ノ下ニ強要セラレ且右ノ者ガ自ラ任意ニ申出デタルニ非ザル一切ノ労務」に完全に合致する「強制労働」そのものであり、しかも労

働現場として「差当リ重要ナル鉱山、荷役及工場雑役ニ限ルコト」としたことは「強制労働ハ鉱山ニ於ケル地下労働ノ為使用セラルルコトヲ得ズ」にも重ねて抵触するものであった。このような違法行為が「大東亜共栄圏建設ノ遂行ニ協力」させるという美名のもとに強行されたのである。

「華人労務者内地移入ニ関スル件」において「重要ナル鉱山、荷役及工場雑役」が特記されたのは、同じく1942年11月27日に閣議決定された「鉄鋼、石炭及アルミニウムノ生産確保ニ関スル閣議決定事項ノ実施ニ関シ各省大臣ノ執ルベキ措置ニ関スル件」が強く影響しているものと考えられる。この閣議決定においては鉄鋼・石炭・アルミニウムの生産確保のために各省大臣が具体的に執るべき措置を決めたものである。この決定の中から外国人労働者（ここでは朝鮮人）に関する部分を抜粋すると次のようになる。全て石炭生産に関する部分である。

（三）石炭
内務大臣
(1) 朝鮮語ヲ解スル警察官ヲ可及的ニ炭礦ニ配置シ紛争及移動ノ防止ヲ図ルコト
〔中略〕
内務大臣、司法大臣、厚生大臣
(2) 移入朝鮮人労務者逃走防止対策要綱ヲ厳重励行スルコト
〔中略〕
内務大臣、農林大臣、厚生大臣
(1) 左ノ労務者所要員数ヲ確保スルコト
現在在籍数（九月末）　三五〇、〇〇〇人
平均所要数　三七〇、〇〇〇〃
要充足数　一三一、〇〇〇〃
内訳
純増加要員数　二〇、〇〇〇〃
移動補充数　一一一、〇〇〇〃
右充足ニハ内地人一般青壮年労務者及移入朝鮮人労務者ヲ以テ之ニ当テ必要ニ応ジ勤労報国隊ヲ出動セシムルコト
(2) 内地人労務者ノ充足ニハ極力従来ノ各炭礦縁故地ヲ中心ニシテ在郷炭礦稼働経験者ニ重点ヲ置キ供出スルコト
(3) 移入朝鮮人労務者ノ割当数ノ供出ヲ確保スルコト
内務大臣、厚生大臣
(1) 移入朝鮮人労務者出動期間ノ延長及家族呼寄ニ関シ考慮スルコト

(2) 内地在住朝鮮人ニシテ炭礦労務ニ適スル者ヲ集団的ニ炭礦ニ供出スルコト
〔中略〕
農林大臣
(1) 米麦（代用食ヲ含ミ）一日一人当男五．五合、女三．五合其ノ他ノ食糧
品ノ所要量ノ供給ヲ確保スルコト
(2) 移入朝鮮人労務者輸送用弁当米（二〇三石）ヲ特配スルコト^{（註5）}

　この時点では石炭産業（炭鉱）が「移入朝鮮人労務者」動員の重点があった
ことがわかる。また、内務大臣（警察）に対して、「朝鮮語ヲ解スル警察官ヲ
可及的ニ炭礦ニ配置シ紛争及移動ノ防止ヲ図ルコト」、「移入朝鮮人労務者逃走
防止対策要綱ヲ厳重励行スルコト」と指示されており、すでに「移入朝鮮人労
務者」の「紛争」「移動」「逃亡」が大きな問題となっていたことは明らかである。
このようにすでに矛盾を抱えていた「移入朝鮮人労務者」を補完する意味で決
定されたのが、前述の「華人労務者内地移入ニ関スル件」であると思われる。

1943 年段階：強制連行・強制労働の進展

　第 2 次世界大戦の戦局は 1943 年 2 月の日本軍のガダルカナル島撤退とドイ
ツ軍のスターリングラード失陥によって大きく転換し、以後、連合国側は三国
同盟側を軍事的に圧倒するようになる。しかし、この時期に日本政府は戦争に
全国民を動員する体制をさらに強化していた。政府は、「昭和十八年度国民動
員実施計画策定ニ関スル件」（1943 年 5 月 3 日閣議決定）において、あらゆる
労働資源を軍需産業に傾注するべく、さらに統制を強化した。この決定の外国
人労働力に関する部分は以下の通りである。

　昭和十八年度国民動員計画実施計画ハ大東亜戦争ノ現段階ニ即応シ労務給
源拡充ニ強力ナル措置ヲ講ジ戦時生産ノ増強ニ必要ナル要員ヲ充足スルト
共ニ勤労総力ノ最高度発揮ヲ図ルヲ目途トシ左ノ要領ニ依リ之ヲ策定ス
第一　方針
一、軍需ノ充足其ノ他緊要物資ノ生産並ニ輸送ノ増強ニ重点ヲ置キ之ガ要
員ノ確保ヲ図ル
二、労務給源ノ拡充並ニ之ガ適時的確ナル配置ヲ期スル為男子就業ノ禁止
制限、不急学校ノ整理、配置転換ノ強制、国民徴用実施ノ強化等強力ナル
動員ヲ行フ
〔中略〕
四、朝鮮人労務者ノ内地移入ハ概ネ前年度同様トスルモ内地在住朝鮮人、

11

華人労務者、俘虜及刑務所在監者等ニ付テハ之ガ活用ヲ図リ国民動員実施計画ニ弾力性ヲ有セシム

〔中略〕

第二　要領

〔中略〕

二、供給

1、給源ハ前年度計画掲ゲタルモノノ外産業整備ニ依ル転換者、男子就業ノ禁止制限ニ依ル転換者、各種学校在学者及内地在住朝鮮人トシ男子ニ付(つい)テハ年齢概ネ四十五歳未満ノ者ニ付供出ヲ図ル〔中略〕

8、内地在住朝鮮人ニ付テハ主トシテ都市在住ノ朝鮮人ヲ対象トシ之ガ計画産業ヘノ供出ヲ図ル

9、華人労務者、俘虜及刑務所在監者等ノ使用員数ハ国民動員実施計画外ニ置キ之ヲ使用スル工場事業場ニ対シ労務者ノ割当ヲ為スニ当リテハ使用員数ヲ参酌(さんしゃく)ス

〔中略〕

三、給源確保ノ為左ニ掲グル者ニ付テハ国民徴用除外ノ措置ヲナサズ

1、兵役法第四十一条第一項ノ規定ニ依リ徴集ヲ延期シ得ル学校トシテ掲ゲラレタル学校及中等学校並ニ文部厚生両大臣ニ於テ協議ノ上指定シタル各種学校以外ノ学校ニ在学スル者

2、官庁公共団体ニ勤務スルモノニシテ女子又ハ高齢者ヲ以テ代替シ得ルト認メラルル者

3、内地在住朝鮮人

〔中略〕

第四　外地満洲南方地域間移動労務者

一、朝鮮人労務者ハ之ヲ内地ノ外満洲、樺太、南洋群島及南方地域ニ供出セシメ主トシテ生産拡充計画産業及国防土木建築業ニ従事セシム

二、台湾本島人ハ原則トシテ南方地域ニ供出セシメ必要ナル要員ニ充当ス〈註6〉

　この段階ですでに国内労働力の動員は限界に近づいており、「国民徴用実施ノ強化」が叫ばれている。朝鮮人・台湾人・中国人労働力などは、「国民動員実施計画外」とされてはいるものの、兵力動員の増大にともなう国内の労働力供給源の枯渇により相対的に「計画外」の労働力への期待は高まる結果となった。とりわけ、「朝鮮人労務者」は満洲や南方への「移動労務者」として位置づけられて、労働者の意思とは別に、重要かつ危険な役割を担わされていたと言える。

1944 年段階：徴用による強制連行・強制労働の強化

　1943 年 9 月、政府と大本営は「絶対国防圏」を設定して、守勢戦略を採用したが、すでに時は遅く、戦線の後退と戦力の膨大な消耗を抑える術は失われていた。政府は、「緊急国民勤労動員方策要綱」（1944 年 1 月 17 日閣議決定）において、さらなる労働力の絞り出しを行ったが、すでに労働力の国内供給源は逼迫しており、露骨な朝鮮人・中国人労働力の総動員に狂奔することになった。この決定の外国人労働力に関する部分は以下の通りである。

　　五　勤労給源ノ確保
　〔中略〕
　（六）朝鮮人勤労者ノ内地集団移入ヲ強化スルコト
　（七）華人勤労者ノ内地移入ノ本格化ヲ図ルコト
　〔中略〕
　　七　勤労能率ノ増進
　　勤労管理ノ刷新、勤労精神ノ昂揚、勤労者ノ援護ノ拡充、勤労者ノ規律ノ
　　確立、勤労者ノ保健、作業能率ノ増進、勤労者用住宅及物資ノ確保等ヲ重
　　点トシ勤労能率ノ増進ニ付別途具体的措置ヲ定ムルモノトスルコト
　　尚^{なお}朝鮮人及華人労務者ノ勤労管理ノ刷新強化ニ付テハ特ニ格段ノ措置ヲ講
　　ズルコト^{〈註7〉}

　この閣議決定において「朝鮮人勤労者ノ内地集団移入ヲ強化スル」「勤労管理ノ刷新強化」が改めて決定されたが、朝鮮人労働者の「内地」移入に関しては、サイパン島陥落が引き金となって東條内閣が倒れ、小磯国昭内閣が成立した後、下記の「半島人労務者ノ移入ニ関スル件」（1944 年 8 月 7 日閣議決定）において国民徴用令を朝鮮にも適用することを決定し、9 月より実施された。

　　半島人労務者ノ移入ヲ確保促進スル為左ノ措置ヲ講ズ
　　一　移入労務者ニ付新規徴用ヲ実施スルコト
　　　右ニ伴ヒ要スレバ国民徴用令ヲ改正スルコト
　　二　新規被徴用者ニ付■■ノ徹底ヲ期スルコト
　　　尚其ノ他ノ移入労務者ニ付テモ新規被徴用者ニ準ジ■■ヲ実施スルコト^{〈註8〉}

　なお、朝鮮半島でも「内地」在住の朝鮮人に対しても、1941 年より軍関係の要員（軍属）の確保のための徴用は実施されていたが、1944 年 9 月からの徴用は、広範な分野における労働者としての一般徴用である。

13

「半島人労務者ノ移入ニ関スル件」の直後に決定された「昭和十九年度国民動員計画策定ニ関スル件」(1944年8月16日)においては、その労働力の「供給」の項目において「朝鮮人労務者ノ内地参入ヲ飛躍的ニ増加スルト共ニ華人労務者ノ本格的移入ヲ行フ^(註9)」とされた。これら1944年8月の一連の決定によって外国人（中国人・朝鮮人）強制連行の体制はこれまでになく強化されたといえよう。そして、1942年以降に取られた外国人労働者の強制連行＝移入政策の結果、多数の労働者が過酷な労働環境のもとで強制労働に従事させられたのである。

1945年段階：徴兵制に基づく強制労働としての農耕勤務隊など

国民徴用令に基づく強制労働とは別に、兵役法（徴兵制）に基づく軍務の一環としての強制労働として農耕勤務隊があげられる。1945年1月31日に発令された軍令陸甲第16号「農耕勤務隊臨時動員要領」により第1～第5農耕勤務隊が編成された[註10]。これらのうち第5農耕勤務隊が長野県（一部が滋賀県）に配置された。農耕勤務隊の設置は、本土決戦下の「地上警備最大の隘路は食糧問題[註11]」とされ、軍自らが自活するという態勢を確立することの必要に迫られたための措置であった。農耕勤務隊1隊は本部と10個中隊、人員3028名から成り、農耕地の開拓、農作業等を行うものとされた。『戦史叢書』には、「四月下旬には、この隊員の大部を、約一二、五〇〇名の朝鮮人と交代させる計画であった[註12]」と記述されているが、実際に徴兵された朝鮮人兵士が農耕勤務隊に充当された。

日本政府は、1942年5月8日に朝鮮にも兵役法（徴兵制）を適用することを閣議決定し、翌43年3月2日付で兵役法を改正、8月1日をもって施行した。改正兵役法に基づく朝鮮における第1回徴兵検査は1944年4月～8月に実施され、甲種合格者（日本語能力が高い者）の中から選抜された約5万人が現役徴集され45年1月に入営した。また、2月には甲種合格で1月に入営しなかった者と乙種合格（日本語能力があまり高くないとされた者）で第1補充兵役に分類された者の召集が始まった[註13]。そして、1945年4月以降、農耕勤務隊として1万4500人以上、自活隊として1万人以上、野戦勤務隊として1万8000人以上、地下施設隊として2000人以上、その他特設作業隊や臨時勤務隊などとして合計5万名近くの朝鮮人兵士が、敗戦間際の3カ月半のうちに日本に連行された[註14]。これらは、兵役の範疇に入る動員であるが、実質的に強制労働の枠組で捉えることができるものである。

おわりに——戦後日本は外国人強制労働とどう向き合ってきたか

これまでに確認してきたように、外国人労働者の強制連行・強制労働という

問題は、中国人捕虜に対するそれは当時の国際法に照らしてみても明らかに「強制労働」と認定されるものであり、戦後、秋田県の花岡事件のように企業がその責任を認めて被害者側と和解したものもある。

　しかし、朝鮮半島からの強制連行と強制労働の問題は、当時、朝鮮が「日本国内」であったことをもって、曖昧に扱われてきた。朝鮮人強制連行・強制労働問題は、1965年の日韓基本条約と日韓請求権協定によって「解決済み」とする言説も流布している。だが、日韓請求権協定や日本側の「経済協力」は、被害者に補償を実施したものでもないし、戦争中のことは国民には受忍義務があるといったことで解決できるものでもない。とりわけ、植民地朝鮮においては大日本帝国憲法は完全には施行されず、そこに住む人びとには参政権がなく、国家の意思決定にまったく関与できない人々に、本国の国民以上のことを強制したものであった。同じ「徴用」とは言っても、朝鮮人労働者の場合、移入のされ方が強権的であっただけでなく、就労後も衣食住のあらゆる面で官憲の監視に晒され、また、まさに「強制労働に関する条約」に言うところの「処罰ノ脅威ノ下ニ強要セラレ且右ノ者ガ自ラ任意ニ申出デタルニ非ザル」労働に実態として従事することを強いられたのである。そうした〈加害〉の記憶に私たちは正面から向き合ってこなかった。

　〈加害〉の記憶として、近年、〈発掘〉と継承の必要性が特に求められているのが、植民地・占領地（戦地）における支配についての記憶である。これは、当時の多くの日本人が植民地を「支配」した側にいたわけで、引揚時の苦難や〈被害〉は語られることはあっても、自分たちがどのように植民地を「支配」していたかは、ほとんど語られることはない。つまり、こうした場合、〈加害〉の記憶の私的継承はまず困難であるから、〈被害〉を受けた側の証言に耳を傾け、「支配」の記憶を〈発掘〉しなければならない。

　戦争時代を知る人でも、「内地（国内）にいたから植民地のことは知らない」という人は多い。しかし、日本国内でも植民地支配は、朝鮮半島からやってきた人びとを「半島人」などと呼んで、差別し過酷な労働にあえてつかせていた、という事実を当時の多くの日本人は目撃していたにもかかわらず、見て見ぬふりをしていたのである。

　韓国から突きつけられた「徴用工」問題は、支配した側は忘れても、支配された側は忘れない、ということの典型事例だといえる。日本が朝鮮半島を直接統治したのは、1910年の韓国併合から1945年の敗戦までの足掛け36年間であるが、その倍以上の年月がたっても〈被害〉者は忘れず、未だ癒されていないということを私たちは銘記しなければならないだろう。

⑴「御署名原本・昭和七年・条約第一〇号・強制労働ニ関スル条約」（国立公文書
館所蔵）、アジア歴史資料センターレファレンスコード（以下、アジ歴 Ref. と略記）
A03021877700。

⑵ 朝鮮人強制連行については、外村大『朝鮮人強制連行』（岩波新書、2012 年）
を参照のこと。

⑶ 朴慶植編『在日朝鮮人関係資料集成　第 4 巻』（三一書房、1976 年） 24 〜
25 頁。1944 年 2 月 10 日に改正された「朝鮮人労務者活用ニ関スル方策中改
正ニ関スル件ヲ定ム」（国立公文書館所蔵）、アジ歴 Ref.A03010212000 にも
1942 年 2 月 13 日の閣議決定が収録されている。

⑷ 田中宏ほか『資料中国人強制連行』（明石書店、1987 年） 525 〜 526
頁。「華人労務者内地移入ニ関スル件」（国立公文書館所蔵）、アジ歴 Ref.
A05020249200。

⑸ 国立国会図書館憲政資料室所蔵『美濃部洋次文書』Reel No.1、item5。

⑹ 石川準吉『国家総動員史　資料編　第 2』（国家総動員史刊行会、1975 年）
237 〜 246 頁。「昭和十八年度国民動員実施計画策定ニ関スル件」（国立公文書
館所蔵）、アジ歴 Ref.A03023609600。

⑺ 内閣制度百年史編纂委員会『内閣制度百年史』下（内閣官房、1985 年）254
〜 255 頁。「緊急国民勤労動員方策要綱」（国立公文書館所蔵）、アジ歴 Ref.
A14101248800。

⑻「半島人労務者ノ移入ニ関スル件」（国立公文書館所蔵）、アジ歴 Ref.
A03010212100、■は解読不明の文字。

⑼ 前掲『国家総動員史　資料編　第 2』990 〜 992 頁。「昭和十九年度国民動員
計画策定ニ関スル件」（国立公文書館所蔵）、アジ歴 Ref.A03023611200。

⑽ 防衛庁防衛研修所戦史室・戦史叢書『大本営陸軍部⑽昭和 20 年 8 月まで』（朝
雲新聞社、1975 年）89 頁。なお、軍令陸甲第 16 号原本は、現在、その簿冊が
非公開とされている。

⑾ 同前。

⑿ 同前、89 〜 90 頁。

⒀ 塚﨑昌之「朝鮮人徴兵制度の実態—武器を与えられなかった『兵士』たち」『在
日朝鮮人史研究』34（2004 年）。

⒁ 塚﨑昌之「1945 年 4 月以降の日本への朝鮮人強制連行—朝鮮人『兵士』の果
たした役割」『戦争責任研究』55（2007 年）。なお、農耕勤務隊に関する優れ
た調査・研究としては、雨宮剛編著『もう一つの強制連行—謎の農耕勤務隊—
足元からの検証』(私家版、2012 年）、河かおる「滋賀県における朝鮮人強制
動員の記録(1)〜(5)—韓国における生存者の聞き取り調査より—」、『人間文化・
滋賀県立大学人間文化学部研究報告』33（2013 年）・34（2013 年）・37（2014
年）・38（2015 年）・42（2017 年）がある。

長野県における
強制連行・強制労働

1

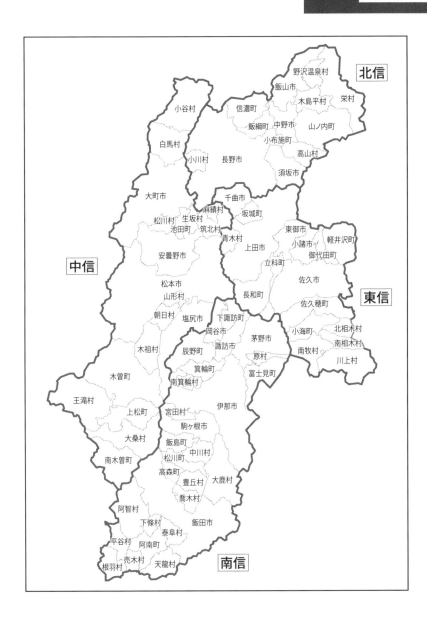

北信
野沢温泉村
飯山市
木島平村
栄村
小谷村
信濃町
中野市
山ノ内町
白馬村
飯綱町
小川村
長野市
小布施町
高山村
大町市
須坂市
千曲市
麻績村
坂城町
松川村
生坂村
池田町
筑北村
東御市
青木村
軽井沢町
小諸市
安曇野市
上田市
御代田町
立科町
佐久市
松本市
長和町
山形村
佐久穂町
朝日村
塩尻市
下諏訪町
東信
木祖村
岡谷市
茅野市
小海町
北相木村
辰野町
諏訪市
南相木村
箕輪町
原村
南牧村
川上村
木曽町
南箕輪村
富士見町
王滝村
伊那市
上松町
宮田村
大桑村
駒ヶ根市
飯島町
南木曽町
松川町
中川村
高森町
豊丘村
大鹿村
喬木村
阿智村
下條村
飯田市
泰阜村
平谷村
阿南町
根羽村
売木村
天龍村

中信

南信

本土決戦と長野県

アジア太平洋戦争末期の長野県

　1943年秋に設定された「絶対国防圏」は、翌年7月のサイパン島陥落によって崩壊し、日本本土は米軍機による直接空襲を避けられなくなった。米軍の本土侵攻が現実味を帯びてくると、長野県は軍隊や軍需工場の疎開先としてがぜん注目されるようになった。海岸線から最も遠く険しい山岳地帯に囲まれていること、水力発電による電力供給が期待できることが理由と考えられる。長野県埴科郡松代町（現長野市松代）への大本営移転計画に象徴されるように、戦争末期にあって長野県は本土決戦に向けて重要な役割を担うことになっていったのである。

本土決戦と「松代大本営」

　日本の陸海軍の戦時の最高司令部である大本営は、1937年の日中戦争開戦以来、皇居の「東一の間」において大元帥である昭和天皇の臨席の下で会議（御前会議）を開いていた。陸軍では帝都（東京）空襲の危険がせまるなかで、天皇と大本営を米軍機の標的となる東京から地方の安全な場所に移す計画がたてられ、その移転先となったのが松代町であった。当初の計画は大本営だけを移転させるものであったが、東條首相（陸相兼任）の指示で政府機関などをふくめた「遷都」計画に拡大され44年11月から地下壕の掘削工事が始まった。敗戦までの9カ月間におよぶ工事により、象山・舞鶴山・皆神山の地下壕を中心に、天皇・皇后用地上御座所などの関連施設が善光寺平（長野盆地）一帯に建設された。

　当初は空襲からの避難先ととらえられていた松代大本営は、戦局の進展に伴ってその役割を大きく変化させていく。1945年4月に本土決戦作戦である「決号作戦」の準備要綱が作成され、6月8日には御前会議において本土決戦作戦遂行の方針が再確認された。6月中旬には阿南陸相、宮内省関係者の松代視察が行われている。松代視察後、阿南陸相は抗戦を続ける沖縄守備軍の牛島司令官にあてて「貴軍の奮闘により今や本土決戦の準備は完整せり」との訣別電を打電している。本土決戦体制の構築を進めるなかで、天皇・大本営の松代移転が現実味をおびたものになっていった。松代への移動について否定的であった昭和天皇自身も、ポツダム宣言が出され、ソ連を仲介にした連合国との講和が絶望的になった7月末には、松代移動の可能性をほのめかしている（木戸日記研究会『木戸幸一日記』東京大学出版会、1966年）。「国体護持」のための窮余の一策となった本土決戦において、松代大本営は「最後の砦」として位置

づけられることになった。

軍関係部隊の移転・疎開

　松代大本営建設との関連で注目されるのは、1945年に入って軍関係の部隊、施設、研究機関などが続々と長野県に移転、疎開していることである。篠ノ井旭高校（現長野俊英高校・長野市）郷土班の調査では、陸軍123、海軍25の部隊や機関が長野県内の国民学校や旧制中学校を接収し移転している（篠ノ井旭高校郷土研究班『1945年8月14日時点の長野県下の軍隊・軍事施設』私家版、1992年）。なかでも、1945年3月、川崎市生田にあった陸軍登戸研究所が、伊那谷（現駒ケ根市一帯）と北安曇郡（現松川村・池田町）に本部と第1科・第2科を疎開させ、翌月には登戸の業務が移転した。北安曇郡に疎開した第1科は対航空機用電波兵器の研究を行い、伊那谷に疎開した第2科はゲリラ戦に供する武器の研究・製造を行った。こうしたことから登戸研究所の移転は松代への大本営移転と本土決戦の展開を想定したものであったと推定される。同年の3月から4月にかけて、群馬県富岡周辺には陸軍中野学校の学生約500人が疎開し、関東平野が米軍に制圧された状況下での遊撃戦（ゲリラ戦）の訓練が予定された。

　1945年6月には佐久平の川西地方（佐久市望月から東御市田中の一帯）に、「長期野営」を名目に神奈川県座間にあった陸軍士官学校の59期生および60期生（学校関係者を含め約1万人とされる）が移った。同じく60期生の一部、および61期生は浅間山をはさんだ群馬県長野原町、中之条町など浅間山の北斜面にも約3000人が配置されている。この「長期野営」の目的は表向き米軍の相模湾上陸に備えた疎開とされているが、上陸した米軍が関東平野から「大本営」のある長野県松代に進攻するのを、群馬・長野の県境地帯で阻止する意図があったことが推測される（望月高校『望月士官学校』私家版、2004年）。

　本土決戦体制準備のなかで1945年2月に陸軍の編成替えが行われた。長野県はそれまで金沢師団司令部の下に長野連隊区が置かれていたが、格上げされ新たに長野師管区が設置された。師管区とは管轄区域内の軍政（装備・兵員補充など）と地域防衛を統括するものであり、長野師管区は、長野県（長野連隊区）・新潟県（新潟連隊区）を管轄することになった。これも「松代大本営」建設にともなう措置であり、長野県の軍政と防衛を東部軍管区の直接の指揮下に置くものであった。

軍需工場の疎開

　明治以来、長野県の産業の柱であった製糸業は、昭和恐慌による打撃に加え最大の市場であったアメリカの対日経済制裁とそれに続く日米戦争とによって

壊滅的な打撃を受け、1940年からの4年間で工場数、生産量ともに10分の1に激減した。

こうした状況のなか、長野県は1943年に「長野県工業計画要綱」を策定した。その柱は、遊休工場を利用した工場誘致にあり、松本・塩尻・岡谷地域に「本邦最大の総合的山間工業基地」を造成することがうたわれていた。加えて戦争末期には空襲を避けて工場の疎開が進められたことから、県内の工場数は既存の500工場に疎開工場596工場を加え、1096工場へと倍増した（45年7月）。

なかでも通信機器・精密機器などの、航空機関連工場は71工場（44年3月）から352工場、従業員数8万7000人余りに急増し、生産力でみても、45年1月には前年に比べて1.9倍となった（長野県『長野県史』近代史料編、第4巻、第5巻4、長野県史刊行会、1988年）。さらに44年から翌45年にかけては松本・上田に三菱重工業名古屋航空機製作所が疎開し、地下・半地下工場を建設して航空機生産の準備が進められている（本書99・110頁参照）。

長野県は急峻な山岳に囲まれ水力発電に有利な条件があったが、軍需工場や都市への電力供給の必要から、戦争末期にはダム・発電所の建設が加速した。国策会社であった日本発送電株式会社は、木曽川水系で御嶽・上松発電所、天竜川水系では平岡ダム・飯島発電所の工事に着手している。戦前期に長野県への進出を果たしていた昭和電工、日本無線など大手の軍需産業の存在も考えあわせると、戦争末期の長野県は戦争継続のための生産拠点として重要な位置づけを与えられていたといえる。大本営・軍関係機関・軍需産業のあいつぐ移転や疎開は、長野県全体が本土決戦態勢の焦点として浮上してきた様子を物語っている。

長野県における外国人強制労働の特徴

1937年に日中戦争が始まり、広大な中国大陸を舞台に終結の見通しのない長期戦に移行するなかで、日本の陸海軍の兵士の総数は日中戦争前の50万人から、39年には160万人に膨張した（さらにアメリカ・イギリスなどとの太平洋戦争が始まった41年には240万人に増大する）。戦場への兵士の大量投入によって日本国内では深刻な労働力不足が生じ、それを解決するために朝鮮人・中国人労働者の強制的な動員、連合国軍捕虜の使役が始まった。

長野県では戦争末期、軍関係機関・軍需産業の移転、ダム・発電所建設の開始によって大規模な土木工事が各地で進められており、工事現場には多くの外国人労働者が投入された。その総数は各現場の移入数を積算すると、次頁の表の通り全体で3万5000人を超えると考えられる。その内訳は、朝鮮人労働者約3万2000人、中国人労働者約3500人、連合国軍捕虜約500人となる。ただし朝鮮人労働者については名簿が残されていないことや、「自由渡航」（注2）・募

長野県内の主要な現場における外国人労働者の概数

地域	場所	工事等	朝鮮人 ※1	中国人 ※2	連合国軍捕虜
北信	信濃町	日本焼結工場	約100	125	
	松代	松代大本営工事	約7,000		
	長野	長野飛行場建設	約300		
	須坂	須坂通信施設用地下壕	約200		
東信	上田	上田地下飛行機工場	約4,400		
中信	松本	陸軍松本飛行場	約1,000		
	松本	松本地下飛行機工場	約7,000	503	
	大町	昭和電工大町工場	447		
	木曽	御嶽発電所工事	5,098	1,718	
	木曽	上松発電所工事	866	229	
南信	諏訪	諏訪鉄山	231		247
	平岡	平岡ダム	約2,000	884	約300
	飯島	飯島発電所	938		
全県	上伊那郡など	農耕勤務隊	約2,500		
		合計	(約32,100)	3,459	約547

※1：朝鮮人労働者数は各現場での証言、調査を集計したものをもとに作成した。また「自由渡航」を含む。他の現場との重複を含み、この表の現場以外での労働者数もあることなどから、合計欄の 32,100 人は概数である。詳しくは第2・3・4章「強制労働の現場と実態」の各工事現場についての報告を参照されたい。
※2：中国人労働者数は「外務省報告書」(「華人労務者就労事情調査報告書」付属資料)をもとに作成した。

集・官斡旋・徴用などの動員の経緯がさまざまであること、県内の他の現場から移送された数も含まれていることなどから推計の域にとどまっている。

「募集」は、移入を希望する日本企業が、募集人を派遣して募集にあたった。「官斡旋」は募集の目標数を郡や面（村）などの行政区に割当て、農民の個人情報に詳しい現地の役人が人選や狩り出しに協力する体制であり、「徴用」は国民徴用令に基づき徴用令書を交付して、文字通り強制的に動員するものであった。また 1945 年に朝鮮で徴兵が始まると、徴兵した朝鮮人の青年の中から「農耕勤務隊」を組織して日本に送り、食糧生産等の強制労働に従事させることも行われた（本書 173 頁参照）。

このように名称や形態は変化したものの、強制的で暴力的な動員の実態は、朝鮮人労働力移入の当初から一貫していた。朝鮮総督府は、地方の行政機関に対して労働力動員を督励・指導し、官斡旋の段階では機械的な動員数の割当てを行った。面（村）役場の吏員や現地の警察官はこうした指示を受けて、日本企業の社員（募集人・労務指導員）に同行して集落に入り、農民を脅したり騙

すなどの手段によって労働者の確保と日本への送出（連行）に協力した。本書には、連行された時期が 1944 年以前であっても「徴用」で日本に連れてこられたと語る朝鮮人被連行者の証言が多く見られる。これは単なる記憶違いではなく、徴用と変わらない強制的で暴力的な動員が、すでに募集段階から行われていたことを示している（山田昭次他『朝鮮人戦時労働動員』岩波書店、2005 年。外村大『朝鮮人強制連行』岩波新書、2012 年）。

　動員や強制労働の実態は後段の報告（第 2・3・4 章「強制労働の現場と実態」）に詳しく述べているが、長野県への外国人労働者の強制動員の特徴は以下のようにまとめられる。

　第 1 に、県内への動員は 1941 年の対米英戦争開始によって本格化し、44 年以降の戦争末期に急増していることである（本書 192 頁の年表を参照）。また全国的に見ても長野県内への動員数の多さが注目される。特に中国人労働者の数は全国の動員数（「外務省報告書」では約 3 万 9000 人）の 1 割近くを占めている。これはもちろん戦争末期に軍関係機関・軍需産業の県内移転が進んだことを反映したものといえる。

　第 2 に、労働現場が圧倒的に土木工事に集中していることである。全国的に見ると、朝鮮人労働者の動員先は、動員初期の 1939 年に 70％以上であった炭鉱・金属の採掘現場が、45 年には 16％に減少し、これに代わって「工場他」（地下工場建設や大本営建設が含まれる）が 50％、「土建」（ダム・発電所建設が含まれる）が 33％と圧倒している。県内の動員の実態はこうした全国的な状況の典型であると言え、地下壕掘削やダム建設では発破作業を中心とする危険な労働が、外国人労働者によって担われていたことを想起させる。

　1944 年末から翌年にかけては、冬の寒さが特に厳しく、長野市を例にとると、1945 年 1 月の月平均気温は -4.9℃で、前後 3 カ月にわたって平均気温が氷点下の日が続いた（翌年 1 月の月平均気温が -1.7℃であることからもこの冬の厳しさがわかる）。厳寒の信州での労働の過酷さが想像できる。

朝鮮人・中国人労働者の戦後

　『長野県警察史』（長野県警察本部、1958 年）は敗戦時の中国人労働者について、「『戦勝国人』としてふるまい、また戦時中の軽視と圧迫に対する憤懣をも爆発させ、加うるに、飢餓線上にあった県の食糧事情から、物資のりゃく奪をともなう諸騒じょう事件が各所にひん発した」と記し、福島警察署管内（王滝発電所）、松本警察署管内（中山村）での警察署と中国人労働者との騒擾事件を詳述し、GHQ の介入によって解決したのち 1945 年 12 月末には県内の中国人労働者の送還が実現したとする。また、敗戦後の朝鮮人労働者の動向について、

松代警察署の項では「朝鮮人労務者は1,134名がおり、家族を含めると約6,000人が管内に居住していた。(中略)朝鮮独立万才を唱え、誇らしげに町内をぶらつきおどすもの、失職のため酒をのんでけんかをするものなど、日増しに多く混乱が予想された」と記し、当時の緊迫した世情を伝えている。戦時中の朝鮮人・中国人に対する蔑視と抑圧の構造が日本の敗戦により逆転したことで大きな恐怖が渦巻いていたと言える。

　長野県における、強制連行された朝鮮人・中国人労働者の戦後の歴史で特徴的なことがらについて概観したい。

朝鮮人・中国人労働者の帰国（全国の状況）

　敗戦と同時に日本政府は強制連行した朝鮮人・中国人労働者の送還を急いだ。早くも8月22日に厚生省は全国の知事に対し「集団移入朝鮮人及華人労務者」の漸次帰還を通達している。連合国軍の占領を待たずに、こうした方針が打ち出された理由は、第1に強制労働で酷使され抑圧された朝鮮人・中国人労働者の存在が、治安悪化を生じさせていると認識されたこと、第2に強制労働が戦争犯罪を裁く法廷において非人道的な奴隷労働として訴追されることへの恐れ、第3には敗戦により軍需関連工場が閉鎖され外国人労働力が不要になったことなどがある。

　米軍は中国が連合国の1国であったことから、中国人労働者の帰国に尽力し軍艦なども用意して安全な送還を急ぎ、1945年12月までに死亡者を除くほとんど（3万737人）が帰国した。

　一方、朝鮮人については「集団移入（＝強制連行）」の朝鮮人労働者は敗戦時28万人余と推計され、そのほとんどが帰国を希望し9月以降送還が始まり大半は年内に送還されたと考えられる。(註3)しかし日本政府も米軍も、中国人への対応とは異なって船の確保などを行わず、朝鮮人みずから船を仕立てるなど危険をおかしての帰還となった。舞鶴港で機雷に触れて多くの犠牲者を出した浮島丸事件のような送還中の事故にはこうした背景がある。また帰国者の名簿や帰国ルート、帰国に要する費用の負担など、いまだ解明されない課題が多く残されている。

　送還された外国人労働者に対する日本企業の戦後処理については、巨額の未払金（未払い賃金・退職慰労金・強制貯金など）の問題がある。企業によって対応は異なるが本書の証言を参照されたい。未払金について政府は企業に対して供託を義務付けているが、(註4)未払いのまま放置されているのが現状である。理由としては、労働者が帰国を急いだために清算できなかった、帰国者の帰還先住所が不明で政府から「供託通知書」が発行できないなどが口実となっている。

一方で、関連企業は敗戦にともなう外国人労働者の雇用中止と送還による巨額「損失」の補償を政府に求めた。1946年1月、日本建設工業統制組合（鹿島組・間組・飛島組・大成建設・西松組など大手14社が中核）は政府に対して中国人関係7059万円余、朝鮮人関係5100万円余、計1億2159万円余の補償を求め、結果的に約4600万円という巨額の補助金を得たのである。建設関係企業以外の鉄鋼関連企業にも同様な補助金が支給されている（樋口雄一「戦争と企業の戦後処理」前掲『朝鮮人戦時労働動員』所収）。

中国人犠牲者遺骨送還事業の経過

　1943年に始まる中国人強制連行・強制労働により長野県内には3459人が連行され、発電所工事などの土木工事に従事させられた。長野県内の死者は261人である。

　敗戦直後、中国人のほとんどは帰国し、死亡した人の遺骨は、関わりのあった中国人が持ち帰った場合を除いて多数が日本に残された。これらの遺骨の送還事業は、当時中国との国交のなかった日本各地で、民間有志による運動として1953〜64年までの12年間に9次にわたって行われた。その経過をたどってみたい。

　1949年8月頃、秋田県の花岡鉱山に中国人の遺骨が散乱していることがわかり、在日華僑、日本の民間人、在日朝鮮人の協力によって中国人遺骨の発掘、調査がはじめられた。花岡の調査を皮切りに、長野県木曽谷、秋田県船川、新潟港、また北海道の各地でも中国人労働者への虐待の事実や、遺骨が放置されたままになっている実態が次々と明らかになった。一方、日本政府は、アメリカの対中政策に追随して、台湾の国民政府との関係を強めて「日華平和条約」を締結し、社会主義国家である中国への敵視政策をとり続けた。

　このような状況のなかで日本赤十字社、日中友好協会、日本平和連絡会など民間14団体によって1953年中国人捕虜殉難者慰霊実行委員会が結成され、事件の調査、遺骨の収集を全国的に開始した。中国との国交がないなかでさまざまな困難を克服しながら、53年7月から58年4月にかけて8回にわたって中国人遺骨送還が実施された。第9回遺骨送還は6年を経た64年11月に行われたが、秋田、長野、岩手関係の15箱の遺骨とともに連行された中国人3万4290人の名簿も中国側に渡された（王紅艶「中国人遺骨送還運動と戦後日中関係」一橋大学『一橋論叢』〈119巻2号、1988年〉所収）。

　遺骨送還運動については「当時中国と国交のなかった日本の各地で国民運動として1972年の国交回復に至る（中略）長い期間にわたって展開されたという意味で他にあまり例を見ない国際的にも特異な事例と考えられる」（前掲、王紅艶「中国人遺骨送還運動と戦後日中関係」）と評価されている。

長野県における中国人犠牲者の遺骨収集と慰霊

　長野県では、1953 年 8 月に長野県中国人捕虜殉難者慰霊実行委員会が結成され、平岡ダムでの中国人遺骨調査が始まった。57 年平岡ダムの現地調査で火葬場跡を発見し、遺骨収集を行い、遺骨を長野市の善光寺大勧進に安置した。63 年 3 月に日中友好協会飯伊支部、ならびに飯伊慰霊実行委員会を結成。同年 12 月には中国紅十字会代表団（倪斐君代表）を迎えて善光寺、平岡の火葬場跡で「大慰霊祭」を実施した。

　1964 年 4 月、平岡ダムの傍らに中国人犠牲者の慰霊碑を建立し、除幕式と慰霊祭を実施した。同年 11 月中国人遺骨送還のため長野県から半田孝海、山本慈昭らが訪中した（第 9 捧持団、「捧持」はうやうやしくささげ持つこと）。この時、山本慈昭は天龍村の平岡ダム犠牲者 62 名の位牌と収集した遺骨を捧持したという。

朝鮮人犠牲者の遺骨送還

　同じ強制連行・強制労働被害者でありながら、中国人と朝鮮人に対する処遇には大きな隔たりがある。中国人被害者の場合には連行者・犠牲者の名簿が完全に近い形で残され、遺骨の送還も進むが、朝鮮人被害者についてはほとんど記録が残されていないのが現状である。犠牲者の数や名簿、埋火葬許可証や寺院の過去帳などの資料はほとんど残されず、埋葬場所の確認すら行うことができないでいる。中国、韓国での強制労働損害賠償請求訴訟における、日本の被告企業や政府の対応の差、マスメディアや世論の反応の違いにも同じ傾向を見ることができる。こうした違いの背景には、連合国の 1 国である中国に関しては、戦後の国際法廷で捕虜への処遇のあり方が問われることへの配慮があった[註5]と考えられる。

　全国での朝鮮人犠牲者の遺骨調査は遅々として進まない。日本政府は 2005 年に 868 人分の遺骨の存在を確認したと韓国に通告しているが、それ以後公式な調査は行われないままである。遺骨の送還も市民の活動にゆだねられているのが現状である[註6]。

　長野県内での朝鮮人犠牲者の遺骨送還は 1 例のみである。1945 年に松代大本営地下壕掘削工事で事故に遭い、長野日赤病院で死去したとされる日本名、中野次郎（本名不明）の遺骨が、地下壕入口近くの恵明寺の境内に当時の住職によって仮埋葬され、地蔵尊の墓石も置かれた。寺には過去帳もなく本名、本籍地も不明のままだったが、その後市民の手によって慰霊法要が続けられた。2005 年には在日本朝鮮人総聯合会（朝鮮総連）・在日本大韓民国民団（民団）の協力で、全国の 55 柱とともに韓国に渡り、天安市の国立望郷の丘で本

人が特定できないまま無縁仏として納骨された（在日本大韓民国民団『民団新聞』2005年7月6日付、同9月5日付）。現在、恵明寺には中野次郎を追悼する碑が建てられている（本書73頁参照）。

全国に広がった中国人戦争被害者損害賠償請求訴訟

　秋田県の鹿島組（現鹿島建設）花岡出張所における「花岡事件」では、1990年に中国側の強制労働被害者と鹿島組との損害補償の交渉のなかで、鹿島組が強制労働について企業責任を認め「深甚な謝罪の意」を表明した。しかしその後は具体的な進展がなく裁判に持ち込まれた。1審では原告敗訴となったが、控訴審では2000年に東京高裁が提示した和解条項に、原告側も賛同し同年11月に和解が成立している。

　この間、1995年に「中国人戦争被害賠償請求事件弁護団」が東京地裁に南京虐殺事件、無差別爆撃、731部隊の各事件および中国人「慰安婦」訴訟の提訴を行ったことを皮切りに、戦争による中国人強制連行・強制労働被害者への戦後補償を求める個別事件の提訴が進み、全国で15件の損害賠償裁判が行われた。これらの裁判では、「国家無答責」・「時効・除斥〈註7〉」を理由に原告敗訴が言い渡されることがほとんどであるが、裁判所の提案や勧告によって和解が成立した例も多くみられる。

　①京都の大江山ニッケル鉱山での中国人強制労働については、2004年に原告の中国人被害者と2遺族に対して、1人当たり350万円の解決金を、被告の日本冶金（現日本冶金工業）が支払うことで和解が成立した。

　②西松組（現西松建設）関連では、新潟県十日町の旧鉄道省信濃川水力発電所工事の中国人被害者の裁判で、原告敗訴の判決後、2010年に西松組が1億2800万円の解決金を被害者に支払うこと、また解決金は被害者個人への補償や慰霊碑建立にあてることなどの内容で和解が成立した。西松組は広島県安野発電所工事の中国人被害者に対しても2億5000万円を基金として拠出することで2009年に和解している。

　③三菱マテリアル社は、前身の三菱鉱業株式会社が北海道や九州の炭鉱などで中国人を強制労働させて多数の犠牲者を出し、中国人労働者の人権を侵害した事実を認めた上で、被害者、遺族に対して1人当たり約170万円の和解金を支出することで2016年に和解を成立させた。

長野訴訟の経過

　長野県では1997年12月22日に、木曽川水系の発電所工事、天竜川の平岡ダム工事の中国人被害者7人を原告とし、国及び鹿島組、熊谷組、大倉土木（現

大成建設）、飛島組（現飛島建設）を被告とする長野訴訟が長野地方裁判所に提訴された。原告のうち2人は被害者本人が死亡しており遺族が原告となった。県民も「中国人戦争被害者の訴訟を支える長野県の会」を組織し裁判を支援した。訴訟内容は原告1人当たり2000万円の損害賠償請求、強制労働についての賃金の未払い分の清算、謝罪広告の掲載などを求めていた。

　長野地裁における裁判は8年におよび、原告が来日して法廷に立ち労働の実態について証言した。結審にあたり裁判長が「中国人の労働実態は安全配慮に欠けたものがある」として、異例ともいえる「和解」を勧告したが被告企業はこれを拒否し、2006年3月の判決では、「国家無答責」「時効・除斥」を理由に原告敗訴となった。その後裁判は東京高等裁判所、最高裁ともに原告敗訴の判決で終わった。

　提訴から14年におよぶ長野訴訟は、結果的に原告側の敗訴で終わったが、中国人の被害の実態について、これを「不法行為」であるとする裁判所の事実認定が行われたことは、大きな成果として残った。

強制労働調査の基本資料

　強制連行・強制労働の実相を調査するためには、強制労働に従事させられた外国人労働者の証言が何より重要である。体験者の高齢化が進む現在、証言の聞き取り調査は一刻を争う課題である。証言を得るためには、現存する体験者を探して調査すること以外に方法がないのだが、最大の障壁は被連行者の名簿など外国人強制労働に関するほとんどの資料が敗戦直後に焼却され、真相が闇に葬られてしまったことである。けれどもこうした困難な状況のなかにあって、1990年代に入って個人名が記載された資料の存在が公となったことで、私たち長野県強制労働調査ネットワークによる聞き取り調査の実現につながった。

〔朝鮮人強制労働関係〕
厚生省「厚生省名簿」

　1990年の盧泰愚大統領の訪日の際、韓国側から戦時に動員された朝鮮人労働者の名簿の引き渡しが要求され、91年と92年の2度にわたって、合計で約10万8000人分の名簿が引き渡され、朝鮮人強制労働の実態解明に大きな期待が寄せられた。この資料は46年6月に厚生省勤労局（現厚生労働省職業安定局）が、都道府県に対して朝鮮人労働者についての調査を命じ、これを受けた勤労署（現在の公共職業安定所）が管内の工場・事業所から報告させたものである。個人名・本籍・職種、募集・官斡旋・徴用などの動員経緯、入所・退所理由、未払金、傷病・死亡の有無などが記録されている。長野県については、

「自由募集」56 事業所・計 8813 人、「官斡旋」18 事業所・計 8575 人、合計 1 万 7388 人であるが、「名簿別紙」とされながら名簿が付されていない事業所が大半である（峯村勉作成の「厚生省名簿集計表」より）。名簿それ自体も 16 府県分の報告にとどまること、敗戦 10 カ月後に作成された資料であることなどの限界はありながら、朝鮮人強制連行の真相究明にとって大きな足がかりとなった。

長野県「内鮮調査報告書類編冊」・「帰鮮関係編纂」

上山和雄國學院大學名誉教授が、1991 年米国議会図書館アジア部日本課の書庫の未整理図書・文書の中から収集し整理・紹介した 10 点の資料の一部で、長野県の朝鮮人労働者に関わるものであることから、2018 年、氏から長野県強制労働調査ネットワークに提供されたものである。長野県内の事業所にいた朝鮮人労働者（および家族）の帰国に関する資料である。

①「内鮮調査報告書類編冊」は 1945 年 9 月に各地警察署長・県警察部長・事業所・鉄道局間でやりとりされた書類の雑纂であるが、なかでも「就労事業場名」「責任者名」「作業別」「帰鮮者数」「乗車駅」「輸送責任者」などを一覧表にまとめた「集団朝鮮人帰鮮輸送計画資料」が注目される。それによれば長野県下の各事業所においては、長野管理部関係として 29 事業所（6451 人）、甲府管理部関係として 7 事業所（1429 人）が帰国を希望しているとされる（次頁の表参照）。備考欄には、「作業中止ニヨリ食料其ノ他治安上憂慮スベキモノ」、「官斡旋ニヨルモノニシテ八月十五日以降作業中止ニヨル食糧上治安上憂慮スベキモノ」などと記されており、朝鮮人労働者の動向に対する当局の強い警戒

左：「帰鮮関係編纂」の表紙／右：「集団朝鮮人帰鮮輸送計画資料」（冒頭部分）

28

事業所別　帰国を希望する朝鮮人数 (1945年9月現在)

【長野管理部関係】

就労事業場名	帰鮮者数			
	大人	子供	幼児	計
埴科郡松代町西松組出張所（※）★	1445	331	256	2032
小県郡塩川村三恵製作所	20	7	－	27
北安大町皇国399工場	84	－	－	84
〃　工場土建部	45	3	－	48
〃　工場土建部贄田組	47	24	－	71
〃　工場土建部下川組	49	－	－	49
〃　工場土建部金森組	52	9	－	61
長野採鉱株式会社長野鉄山飛島組	91	5	5	101
上水内郡柏原村黒姫国有林製炭事業場	17	6	2	25
北信土木建築株式会社	128	20	19	167
下高井郡堺村中野単板会社	12	4	－	16
運輸省松代建設隊須坂作業所（※）★	358	80	86	524
上高井郡須坂町皇国709工場建設作業場（※）	106	25	21	152
下高井郡平岡村高水土建作業場	31	12	－	43
更級郡更科村若宮軍需工場建設部	40	10	4	54
更級郡塩崎村軍需工場塩崎建設作業場	15	5	－	20
陸軍糧秣松本建築工業西条作業場	116	21	－	137
大倉土木西條作業場	40	3	－	43
熊谷組松本軍師第500部隊作業場	1119	21	－	1230
大林組松本作業場	119	15	－	134
飛島組波多作業場	176	43	－	219
鴻の池組松本作業場	46	16	－	62
北佐久岩村田熊谷組作業場	183	17	26	226
松本土建工業株式会社	68	4	－	72
東部軍鹿島組松代作業場（※）★	67	7	5	79
東部軍浦里工事西松組	399	152	－	（ママ）546
東部軍浦里工事戸田組	88	25	－	113
東部軍浦里工事丸田組	5	7	－	12
株式会社志賀鉱山作業場	75	29	－	104

【甲府管理部関係】

就労事業場名	帰鮮者数			
	大人	子供	幼児	計
清水組大萱軍需廠工事場	366	34	－	400
大倉土木株式会社上松作業場	156	28	－	184
日発水力三岳発電工事間組	15	－	－	15
日発水力発電御嶽工事場鹿島組	206	21	－	227
福島町土木建築業	80	20	－	100
日発水力発電平岡工事場熊谷組	252	65	－	317
日本鋼管鉱業株式会社諏訪鉱業所	186	－	－	186

※印：朝鮮人名が書かれた事業所（4）／★印：上記4事業所中の松代大本営関連事業所（3）
「集団朝鮮人帰鮮輸送計画資料」を元に作成

感がうかがえる。

　②「帰鮮関係編纂」は全部で196頁の厚い簿冊であるが、冒頭の部分には「内鮮調査報告書類編冊」に収録された前述の「集団朝鮮人帰鮮輸送計画資料」が再録され、長野管理部関係29事業所の一覧表（本書29頁の表参照）が収録されている（甲府管理部関係については欠落）。欄外には11月の日付と人数が手書きで記入された事業所が数多くあり、未完成の表ではあるが11月に帰国した人数であると思われる。29の事業所のうち、一覧表中の4事業所（※印）については朝鮮人の名前（日本名）・本籍・年齢などが書かれている。さらにこの4事業所のうち★印を付した3事業所は松代大本営関連の事業所で、その合計は2635人となる。中には重複して記載されている人もいるが、これだけの人名を確認できたことは大きな収穫であった。

　松代大本営工事への朝鮮人労働者の動員・労働・生活実態の解明に大きな足がかりとなる新資料であり、厳しい時間的制約はあるがこの資料に基づいて対面調査をさらに進めたい。

〔中国人強制労働関係〕

　中国人労働者の日本への移入（強制連行）は、1942年11月に「華人労務者内地移入ニ関スル件」が閣議決定され、国の政策として中国人労働者の移入（＝連行）が始まった。労働力を必要とする日本の事業所は厚生省に斡旋を申請し、厚生省は関係各省と協議の上、事業所への割り当て数を決定する。中国では日本大使館、日本軍にくわえ、華北労工協会などの機関が中国人を集め、日本に送り出した。華北を占領した日本軍は、現地支配のために傀儡政府である華北政務委員会を置いたが、その下で労務統制を行い、中国人強制連行の中心をになったのが華北労工協会である。後述の「外務省報告書」によれば、日本に連行された中国人の総数は3万8935人（長野県には3459人）であるが、そのうちの約90％にあたる3万4717人が華北労工協会から「供出」された労働者である。その内訳は、華北政務委員会の行政命令によって「半強制的」に集められた「行政供出」（集落を包囲し捕獲、街なかで拘束、仕事を探す中国人を騙すなどのいわゆる労工狩り）によるものが2万4000余人、日中戦争で日本軍に捕えられた中国人兵士（「八路軍」と呼ばれた中国共産党軍や中国国民党軍の兵士）や囚人などからなる「訓練生供出」が1万余人であった。彼らはいったん華北労工協会の「労工訓練所」（実態は収容所であり所内では過酷な扱いを受け多数の死者も出ている。石家荘・青島・塘沽などにあった）に収容されて「訓練」を受けることで身分上は「自由労働者」として日本へ移送されたのである（田中宏他『資料中国人強制連行の記録』明石書店、1990年）。

　1937年に始まった日中戦争は全面戦争であったにもかかわらず、宣戦布告を行わず「支那事変」と呼ばれた。そのため日本軍に捕えられた中国兵は、戦争捕虜（当時は「俘虜」と表記された）に対する人道的な扱いを定めた1907年のハーグ陸戦条約の適用外とされ、捕虜としての最低限の扱いすら受けることもなかった。「自由労働者」であるがゆえに保護の対象とされず、実態としては「敵国捕虜」として敵意と抑圧の下におかれたことで、朝鮮人労働者に対する以上の過酷な扱いを受けることになった。中国人労働者への虐待とそれへの抵抗は全国各地の事業所で見られるが、長野県でも鹿島組に関わって「木曽谷事件」が起こっている（本書146頁参照）。「外務省報告書」は、日本に連行された中国人労働者の17.5％にあたる6830人が死亡していると記録しており、きわめて高い死亡率は、過酷で非人道的な労働の実態をうかがわせる。

外務省「華人労務者就労事情調査報告書」（通称「外務省報告書」）

　1946年2月から外務省の指示により、中国人強制連行を行った35社135カ所の事業所から「華人労務者就労顛末報告」（いわゆる「事業場報告書」）が提出され、その内容をもとにして同年6月「外務省報告書」としてまとめられたものである。「事業場報告書」には、連行された約4万人の氏名、年齢、出身地、などが記載されていた。その後、中国人労働者の遺骨返還に取り組む民間団体「中国人殉難者慰霊実行委員会」が中心となった「中国人俘虜殉難者名簿共同作成実行委員会」は、前述の報告書をもとに、60年から64年にかけて「中国人強制連行事件に関する報告書」全4編を作成した。内容は第1編「中国人殉難者名簿」、第2編「第1次〜第8次中国人殉難者遺骨送還状況」、第3編「強制連行並びに殉難状況」、第4編「連行された中国人の名簿」からなり、第1〜第3編は1987年に『資料　中国人強制連行』として、また第4編は1990年に『資料　中国人強制連行の記録』として明石書店から刊行されている。

　一次資料である「外務省報告書」と「事業場報告書」について、日本政府は報告書の作成自体は認めたものの、ＢＣ級戦犯裁判への波及を恐れて焼却処分した、として存在を否定し中国人強制連行の詳細はわからないと強弁し続けてきた。しかし92年から93年にかけてこの報告書が東京の華僑総会に所蔵されていることが明らかとなり、日本政府もついにそれが外務省にも存在することを認めるに至った(NHK取材班『幻の外務省報告書』日本放送出版協会、1994年)。

〔連合国軍捕虜強制労働関係〕
ＰＯＷ研究会資料
　第2次世界大戦中、日本軍によって国内に連行された連合国軍捕虜は約3

万 6000 人とされ、労働力不足を補う要員として、炭鉱や鉱山、造船所、工場などで働かされ、飢え、疾病、虐待などにより、国内では 3500 人余りが死亡したとされる。また戦後のＢＣ級戦犯裁判においては多くの捕虜収容所関係者が裁かれた。こうした全国の捕虜収容所に関する基礎資料の収集と調査、研究を行っているのが、「ＰＯＷ研究会」(Prisoner of War ＝戦争捕虜研究会) である。同会のホームページでは、全国の捕虜収容所ごとの収容者数・国籍・死亡者名・戦犯などの基礎資料や研究成果が公開されている。同会の資料によれば、長野県では平岡と諏訪の 2 カ所に収容所が開設された。

　平岡村 (現天龍村) 満島には 1942 年、東京俘虜収容所第 3 分所 (43 年に「第 2 派遣所」、45 年に「第 12 分所」と改称) が開設され、捕虜は熊谷組によって平岡ダム建設に従事させられた。敗戦時には 308 人が収容されていたが、収容所では 59 人が死亡したとされる。横浜裁判ではその責任が追及され、捕虜虐待罪で看守など 12 人が有罪判決を受け、うち 6 人が処刑されるという厳しい処分がなされた (本書 163 頁参照)。

　諏訪の北山村 (現茅野市) には 1945 年に、東京俘虜収容所第 6 分所として諏訪分所が開設された。ここでは日本鋼管諏訪鉱業所によって、諏訪鉄山における褐鉄鉱採掘に連合国軍捕虜が使役された。敗戦時の収容者数は 243 人であり、収容中の死者は 4 人であった。諏訪分所での処遇に関わって横浜裁判で処刑された日本人はいない (本書 155 頁参照)。

---

(1) 東部軍管区は 1945 年 2 月 10 日に設置された。それ以前は東日本における軍事作戦と徴兵事務などの軍政は「東部軍」が担当したがこの編成替えによって東部軍の名称は無くなり、東北を除く東日本における本土決戦の軍事作戦を遂行する「第十二方面軍」と同地域の防衛と軍政を担当する「東部軍管区」とに分離した。ただし、「方面軍司令官」と「軍管区司令官」は兼務 (敗戦まで、田中静壱陸軍大将) であり、実態は名称の変更にとどまる。

(2) すでに 1920 年代〜 30 年代にかけて、日本には朝鮮から多くの人々が渡航し定住するものも多かった。1939 年 7 月に労務動員計画が決定され朝鮮からの労働者移入が始まるが、それ以前の渡航者も含め、動員計画に基づかない渡航者を本書では「自由渡航」と表記する。その多くは、日本の植民地支配によって農地を失い生活のためにやむなく日本に渡った朝鮮半島南部の農民である。日本への労働力移入の形態は、募集 (1939 年 7 月〜)・官斡旋 (1942 年 2 月〜)・徴用 (1944 年 9 月〜) と変化した。

(3) 朝鮮人の帰国希望者は「集団移入」労働者の数であり朝鮮人一般の帰国は含まれない。長野県内の帰国希望者の調査については本書 28 頁の長野県「内鮮調査報告書書類編冊」・「帰鮮関係編纂」についての項を、長野県における在日朝鮮人の

帰還運動については本書 82 頁のコラム「朝鮮民主主義人民共和国に帰った人たち」を参照されたい。

⑷ 朝鮮人・中国人労働者に支払うべき、未払い賃金、貯金などを各地の供託所に預け、処理をゆだねること。受取人の氏名・帰国先の住所・金額などを明記した供託書が必要である。

⑸ 満州事変から日中戦争の間、日中両国は互いに宣戦布告を行っていないが、日米開戦にともない中国（蒋介石政府）は 1941 年 12 月 9 日に対日宣戦布告した。

⑹ 民間による遺骨送還事業としては、2015 年に北海道から 115 柱が韓国へ渡った例がある。また北海道新聞などの報道では全国に 1014 柱の遺骨が存在するとされる（『ハンギョレ新聞』2015 年 9 月 14 日付。https://www.hani.co.kr/arti/international/japan/708817.html?_ga=2.191465194.1349812685.1675806309-1155516412.1671576060、2023 年 6 月 9 日閲覧）。

⑺ 国家無答責＝国家により個人が損害を受けた場合、日本国憲法第 17 条および国家賠償法（1947 年施行）によって損害の賠償を求められるが、明治憲法にはこうした規定がなく、「国家の不当行為」そのものがあり得ないものとされた。このため 1947 年の「国家賠償法」施行以前の行為について国は賠償責任を負わないとする原則。国家無答責の原理。国家無責任の原則。／除斥：日中間に国交がなく日本の裁判所に訴える手立てがないなどの、時効を中断すべき特別な事情がある場合でも、不法行為があってから 20 年（＝除斥期間）が過ぎると、損害の回復を裁判に訴える権利を無条件で失うとするもの。

⑻「自由募集」は「募集」と同義と考えられる。また「徴用」の区分での記載はない。

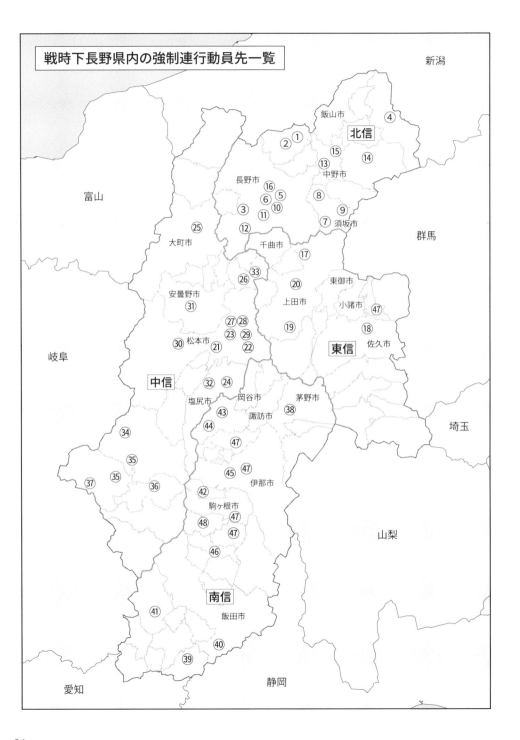

戦時下長野県内の強制連行動員先一覧

新潟

北信

富山

飯山市

長野市

大町市

中野市

須坂市

千曲市

群馬

東御市

安曇野市

上田市

小諸市

岐阜

松本市

佐久市

東信

中信

塩尻市

岡谷市

茅野市

諏訪市

埼玉

伊那市

駒ヶ根市

山梨

南信

愛知

飯田市

静岡

戦時下長野県内の強制連行動員先一覧

（記録されている人数が少ない事業所には番号をふっていない）

	番号	事業所・現場 （出典記述による）	所在地 （現在の地名）	強制労働させ られた人びと	典拠
北信	①	長野採鉱 ㈱長野鉱山	上水内郡信濃町	朝鮮人	厚
		日本焼結工場		中国人・朝鮮人	調・掘
		㈱間組戸寿出張所		中国人	外
	②	黒姫山国有林39林班製炭事務所	上水内郡信濃町	朝鮮人	厚
	③	㈱飛島組水内作業所	長野市信州新町	朝鮮人	厚
	④	信濃川発電工事・飛島組	下水内郡栄村	朝鮮人	協
	⑤	三菱重工業㈱名古屋航空機製作所　長野建設部	長野市信州新町	朝鮮人	厚
	⑥	日本無線㈱長野工場	長野市	朝鮮人	厚
		汽缶築炉工事（大倉土木）			
		小串鉱山	須坂市	朝鮮人	赤
	⑦	中央鉱業　綿内鉱山	須坂市	朝鮮人	厚・赤
	⑧	石田組　須坂出張所	須坂市	朝鮮人	厚
	⑨	中外鉱業㈱米子鉱山	須坂市	朝鮮人	厚・赤・掘
	⑩	㈱西松組松代作業所	長野市松代町	朝鮮人	厚
		㈱鹿島組松代作業所			
	⑪	篠ノ井炭鉱	長野市信里	朝鮮人	厚
	⑫	丸越炭鉱所	長野市大岡	朝鮮人	厚
		大岡炭鉱	長野市大岡	朝鮮人	厚
	⑬	中野合板㈱	中野市	朝鮮人	厚
	⑭	岩倉組北信出張所	下高井郡山ノ内町	朝鮮人	厚
	⑮	高水土建㈱	中野市	朝鮮人	厚
		東亜鉱業㈱高井鉱山	上高井郡高山村	朝鮮人	厚
		帝国鉱業開発横手山鉱山	上高井郡高山村	朝鮮人	厚
	⑯	長野飛行場拡張	長野市	朝鮮人	厚・調
東信		信州炭鉱㈱	小県郡青木村	朝鮮人	厚
		山洋電気㈱上田工場	上田市	朝鮮人	厚
	⑰	日中鉱業㈱ 美吉野炭鉱	上田市	朝鮮人	厚
	⑱	熊谷組岩村田作業所	佐久市	朝鮮人	厚
		浅間炭鉱㈱	上田市	朝鮮人	厚

東信		㈱綿谷製作所	上田市丸子	朝鮮人	厚
		豊里炭鉱	上田市豊里	朝鮮人	厚
		金城炭鉱㈱	上田市川辺	朝鮮人	厚
	⑲	連山鉱山	上田市武石	朝鮮人	厚
		上小貨物自動車㈱	上田市	朝鮮人	厚
	⑳	三菱重工業名古屋航空機製作所 地下工場			
		東部軍ウ工事地下建設隊 西松組	上田市浦里	朝鮮人	厚
		東部軍ウ工事㈱ 戸田組	上田市東塩田	朝鮮人	厚
		東部軍ウ工事　丸太組	上田市川辺	朝鮮人	厚
		第5農耕隊第1中隊	北佐久郡御代田町	朝鮮人	留
		朝鮮農業報国隊	上田市中塩田	朝鮮人	石・内

中信	㉑	陸軍松本飛行場建設	松本市笹賀	朝鮮人	調
	㉒	三菱重工業名古屋航空機製作所 地下・半地下工場建設			
		㈱熊谷組松本作業所	松本市里山辺、中山	朝鮮人・中国人	厚・外
	㉓	日本通運㈱松本支店	松本市	朝鮮人	厚
	㉔	昭和電工㈱塩尻工場	塩尻市	朝鮮人	厚
	㉕	昭和電工㈱大町工場	大町市	朝鮮人	厚
		相模組		朝鮮人	厚
		坂井興業㈱		朝鮮人	厚
		㈱島崎組		朝鮮人	厚
	㉖	陸軍糧秣地下倉庫建設	東筑摩郡筑北村	朝鮮人	厚
	㉗	㈱島藤組	松本市	朝鮮人	厚
	㉘	日本ステンレス松本工場	松本市	朝鮮人	厚
	㉙	大林組松本出張所	松本市	朝鮮人	厚
	㉚	昭和電工赤松発電所建設 飛島組波田出張所	松本市波田	朝鮮人	厚
	㉛	有明原で農業・開墾 自活隊	安曇野市穂高	朝鮮人	穂
	㉜	日本無線塩尻地下工場	塩尻市	朝鮮人	兵
	㉝	日本無線本城地下工場	東筑摩郡筑北村	朝鮮人	僕
	㉞	御岳発電所関連導水路 熊谷組西野川作業所	木曽郡木曽町	朝鮮人	厚
	㉟	御岳発電所導水路・発電所建設			

中信	㉟	㈱鹿島組御嶽作業所	木曽郡木曽町	朝鮮人・中国人	厚・外
		㈱間組御嶽出張所	木曽郡王滝村	朝鮮人・中国人	厚・外・間
		㈱飛島組御嶽作業所	木曽郡王滝村	朝鮮人・中国人	厚・外
	㊱	上松発電所導水路 大成建設㈱上松作業所	木曽郡上松町	朝鮮人・中国人	厚・外
	㊲	三浦炭鉱	木曽郡木曽町	朝鮮人	協
		三浦えん堤工事・三浦発電所㈱間組	木曽郡王滝村	朝鮮人	間

南信	㊳	日本鋼管鉱業㈱諏訪鉱業所	茅野市	朝鮮人・ 連合国軍捕虜	厚・真
	㊴	平岡ダム・導水路建設 ㈱熊谷組平岡作業所	下伊那郡天龍村	朝鮮人・中国人・ 連合国軍捕虜	厚・外・村
	㊵	飯島発電所・導水路建設 熊谷組飯島作業所	飯田市南信濃	朝鮮人	厚・調
	㊶	昼神発電所建設 日発昼神発電所（鹿島組）	下伊那郡阿智村	朝鮮人	調
		赤石木材㈱	伊那市	朝鮮人	厚
		㈲辰野木工製作所	上伊那郡辰野町	朝鮮人	厚
		伊北木材㈱	上伊那郡辰野町	朝鮮人	厚
		マル正林辰野工場	上伊那郡辰野町	朝鮮人	厚
		芝浦タービン㈱辰野工場	上伊那郡辰野町	朝鮮人	厚
		花井木工製作所	上伊那郡宮田村	朝鮮人	厚
		日本発條㈱宮田工場	上伊那郡宮田村	朝鮮人	厚
	㊷	赤穂町営製炭場	上伊那郡宮田村	朝鮮人	厚
		上伊那貨物自動車㈱	伊那市	朝鮮人	厚
		中部配電㈱伊那電業所	伊那市	朝鮮人	厚
		竜水社中箕輪工場	伊那市中箕輪	朝鮮人	厚
		信濃製陶㈲	伊那市高遠	朝鮮人	厚
		大家鉱業上伊那鉱山	上伊那郡辰野町	朝鮮人	厚
	㊸	野村鉱業㈱伊那富鉱業所	上伊那郡辰野町	朝鮮人	厚
	㊹	中央電気工業㈱横川鉱山	上伊那郡辰野町	朝鮮人	厚
	㊺	帝室林野局伊那出張所	伊那市	朝鮮人	厚
	㊻	生田発電工事（間組）	下伊那郡松川町	朝鮮人	協
	㊼	第5農耕隊（第3〜10中隊）	伊那市西箕輪・富県、 中川村、駒ヶ根市	朝鮮人	留・調
	㊽	朝鮮農業報国隊	上伊那郡飯島町	朝鮮人	石・内
		名古屋鉄道局甲府管理 伊那松島機関区	伊那市	朝鮮人	厚

【典拠一覧】

厚：厚生省勤労局「朝鮮人労務者に関する調査」（厚生省名簿）、1946年

外：外務省報告書・事業所報告書、1946年

協：中央協和会「移入朝鮮人労務者状況調」、1942年

僕：長野県歴史教育者協議会『僕らの街にも戦争があった』銀河書房、1988年

掘：長野県歴史教育者協議会編集委員会『戦争を掘る』私家版、1994年

真：朝鮮人強制連行真相調査団『朝鮮人強制連行調査の記録　中部・東海編』柏書房、1997年

間：間組百年史編纂委員会『間組百年史 1889-1945』間組、1989年

石：小松現代史の会『石川県における朝鮮人戦時労働力動員』1〜3、私家版、1992〜93年

内：吉沢佳世子「内地派遣朝鮮農業報国青年隊の研究」（姜徳相先生古稀・退職記念論文集刊行委員会『日朝関係史論集　姜徳相先生古稀退職記念』新幹社、2003年、所収）

赤：大野俊『赤い川』第三書館、1986年

兵：兵庫朝鮮関係研究会『地下工場と朝鮮人強制連行』明石書店、1990年

村：天龍村史編纂委員会『天龍村史』天龍村、2000年

留：陸軍第5農耕勤務隊留守名簿

穂：穂高町戦争体験を語りつぐ会『穂高町の十五年戦争』郷土出版社、1987年

調：調査により判明

強制労働の現場と実態

東北信地方

2

北信

野沢温泉村
飯山市
木島平村
栄村
信濃町
飯綱町　中野市
山ノ内町
小布施町
高山村
小川村　長野市
須坂市
千曲市
坂城町
東御市
軽井沢町
青木村
小諸市
上田市
御代田町
立科町
佐久市
長和町
東信
佐久穂町
北相木村
小海町
南相木村
南牧村
川上村

日本焼結工場

（中国人・朝鮮人）

鉄不足を補うため、黒姫山麓の酸化鉄を含む赤土を掘削

黒姫山山麓にたたずむ巨大な遺構

　長野県上水内郡信濃町は、俳人小林一茶の故郷、終焉の地として広く知られている。信濃町柏原の黒姫山山麓には、近年、夏になると道の両側にもぎたてのトウモロコシの露店が立ち並び、観光客で賑わっている。その山際に一歩足を踏み入れると、巨大なプールのような形の大穴がある（次頁写真参照）。周辺には、建物の土台と思われる遺構も残っている。これは1944年に生産を開始し、翌45年8月15日に閉鎖された軍需工場、「日本焼結工場」の跡である。ここでは、アジア太平洋戦争末期、鉄不足を補うため、黒姫山麓の褐鉄鉱を含む赤土を採取し、工場で赤土とコークスを混ぜて焼いて鉄鉱石を造り、それを兵庫県伊丹市の製鉄工場に送るという作業が行われていた。赤土は鉄分を含む鉄バクテリアが繁殖したもので、酸化した褐鉄鉱が泥中に沈殿した鉱床が黒姫山や飯綱山周辺に30カ所近く見られるという。近くを流れる小川の水も褐色で、鉄分の多い土壌であることがうかがえる。

　赤土は、信濃町仁之倉、湯の入り、北ノ園の3カ所から掘られ、1日200～250トンの鉄鉱石が生産され、柏原駅（現黒姫駅）から兵庫に送られていった。工場跡には、プールのような大きな遺構、家屋の土台、トイレ跡、赤土を焼く窯を支えたコンクリートの土台などが広い範囲にわたって残り、窯の近くには、当時生産された、鉄分を多く含む重い石が落ちている。遺構は木々に囲まれた森の中に朽ち果てたまま残っており、ほとんど知られていない。

作業の概要

　当時、赤土掘りは、戸寿工業株式会社・黒姫鉱山株式会社・三谷鉱業株式会社・太平工業株式会社など、いくつかの小さな会社も請け負っていたが、下請けの小会社の上に軍部の肝いりで存在していたのは、兵庫県伊丹市に本社を持つ「日本焼結株式会社」で、間組に採掘を請け負わせていた。ここでは中国人労働者125人、朝鮮人200～300人、旧制中学生（現在の高校生）150～200人、地域の女性約100人、さらに柏原国民学校高等科（現在の中学1～2年生）の生徒などが、赤土の採掘、混合作業、窯たき、運搬などの作業に従事させられ

日本焼結工場の遺構（撮影：北原高子）

ていた。採掘作業は中国人・朝鮮人が主で、生徒や女性は工場内での混合作業
や窯たき、旧制中学生は主として牛車で鉄鉱石を柏原駅まで運び、専用の引き
込み線から貨車に積む作業を担当した。当時の中学生は、粗末な食べ物で、朝
から夕方まで赤土とコークスの混合、運搬の仕事に追われ、疲労と空腹のため、
夜間に行われる授業にはほとんど参加できず、食事その他の待遇改善を求めて
ストライキを起こしている。

動員された中国人労働者

　1942年11月、閣議決定された「華人労務者内地移入ニ関スル件」により、
同年秋から4万人ほどの中国人が日本に連行され、長野県には約3500人が連
行されている。そのうち、125人が信濃町に連行されてきた。
　中国人たちは1945年6月、木曽の間組御嶽出張所から間組によって移送さ
れてきて、信濃町柏原緑ヶ丘に造られた三角兵舎に収容された。飯場のあった
所は、「捕虜村」と呼ばれていて、戦前、結核病棟のあった所のさらに奥にあ
り、人々があまり近づかない場所にあったため、その存在を知る人は少なかっ
た。ほとんど着のみ着のままで三角兵舎に収容された中国人たちは、食べ物は
1日コヌカかフスマのパン2個と塩だけ。野草を食べて飢えを凌いだという。
連れてこられた125人のうち、25人ほどが栄養失調のためすでに失明してお
り、さらに8月の日本敗戦までに4人が死亡したという。

41

1946年3月に出された、外務省「華人労務者就労事情調査報告書」(通称「外務省報告書」)は、焼却されたとされ、長い間公開されずにいたが、その存在が明らかとなった。1987年7月、これをもとにした『資料　中国人強制連行』(明石書店)が刊行され、全国135事業所への連行者数、その状況、死亡者名等(氏名、年齢、出身地、死亡年月日、死亡原因)が詳細に記されていた。これによって信濃町にいた125人、4人の死者の名前、年齢も判明した。しかし遺骨の行方はわかっていない。

信濃町での中国人労働者の生活

信濃町の信濃中学校の生徒たちは、1985年から3年間、峯村勉教諭の指導の下、文化祭のクラス研究として「中国人強制連行」の問題に取り組んだ。中国人労働者の生活については、2年生のときの課題「中国人捕虜の信濃町での生活」で明らかになった(筆者註:調査の記録では「中国人捕虜」と表記しているが、本稿では「中国人労働者」とした)。峯村教諭と中学生が日本焼結工場の中国人労働者について調査したのは1986年で、中国人125人の名簿が明らかになるのは1994年ころである。したがって以下に紹介する内容は、資料のまったくないところからの調査である。

以下に、峯村教諭と生徒たちが残した調査記録をもとに経過をまとめる。

①調査の始まり

信濃町での中国人労働者についての資料は、町誌や県史にも記録はなく、手掛かりは、中国人を見たという地元の人1人と、「一茶祭り」の写真展に展示された窯運搬中の古ぼけた2枚の記録写真だけだった。少ない手がかりのなか、知っていそうな人を次々に紹介してもらいながら、生徒たちは夏休みの間中、自転車で町内を走り回り、50人を超える人々から証言を聞くことができた。

②実態を裏付ける数々の証言

1986年10月、文化祭発表のためにまとめた冊子「中国人捕虜の信濃町での生活」(信濃中学校2年1組)の中に、得られた証言が記録されている。以下は筆者が抜粋し、整理したものである。

中国人のことを知っていた人の多くは、以下のように話している。

- 中国人は間組の管理下で赤土(粉状褐鉄鉱)の掘削を行っていて、掘った土は焼結して兵庫県伊丹市の日本焼結株式会社へ送っていた。
- 1日にフスマまんじゅう(フスマパン)またはコヌカパン2個と塩しか与え

られず、そのため、お昼休みなどに作業場のまわりの食べられる草、ヨモギ、
フキ、コウレッパ（オオバギボウシ）、セリなどを食べて飢えをしのいでいた。

　中国人の実態に関わる具体的証言。

▪小林斉（窯運搬の写真の持ち主）
　農業の傍ら飼っていた馬を使って運搬の仕事をしていた。写真は、赤土運搬
の仕事の責任者をしていた友人の小林鉄造に頼まれて、特注の6輪の車を使っ
て大きな炉窯の運搬を手伝ったときのもの。窯の運搬などは手伝ったが中国人
労働者については全く記憶がない。

▪恒谷嘉一（戸寿工業勤務）
　1943年、東京から柏原へ来て、戦時中だけでなく調査当時も赤土を扱う仕
事をしていた。軍の肝いりで、中将くらいの人がいつも視察に来ていた。赤土
をどのように掘り、どのように焼き、出荷していたかをよく知っている（生徒
たちに詳しく話してくれた）。中国人については、仕事に行くとき、数珠つなぎ
にされて連れていかれるのを見たが細かいことはわからない。

▪太田（朝鮮人、飯場の設置を担当）
　1945年3月ごろ、支那人（ママ）が住むから小屋を建ててくれと頼まれて、大きな
丸太を三角に組み、壁の無い丸太小屋を建てた。ベッド用の棚を3段つくっ
たがとても狭くてだめで2段目は取り外して広くした。
　炊事用の一斗缶は、一斗缶ではだめだと言って、中国人は、蒸しパンを作る
竈（かまど）を自分たちで粘土で作った。

▪木下直人（間組勤務）
　静岡の間組で働いていた時、朝鮮人の募集に行ってこいと言われて行って連
れてきた。
　その後、長野県の人間だから長野へ行ったらどうかと言われて柏原へきた。
県の特高課から、「捕虜を使ってはどうか」と言われて木曽の御嶽へ行って中
国人を連れてきた。

▪小林徳太郎（当時中学生）
　中国人が壁のない三角の丸太小屋にいて、褐鉄鉱の掘削作業をさせられてい
たことをよく知っている。中国人たちは、戦後解放されてからは、だんだんう
ちとけて、どの家にも自由に出入りするようになって、お茶や食事を家族と共
にしたり、お風呂にも入るようになった。稲刈りなども手伝ってくれて、中国
語の勉強会も始めた。トン＝チャンルーとリイ＝フーハイという2人の中国
人の名前もおぼえている（その時使った中国語教科書を生徒たちに見せた）。中国

帰国を前に善光寺を参詣した中国人たち
（写真提供：石川昇）

へ引き上げるときは記念にと山羊の毛皮を持ってきてくれた。

▪磯貝春蔵（当時中国人が収容されていたところの地主）

畑の中の中国人がフスマパンを焼いた場所は、せっかくみんなが生きた場所なんだからと思い、カマドのあったところはそのままにして土をかぶせ、まわりに花を植えて、40年間保管しておいた。（1986年9月、生徒たちも一緒に、盛り土のしてあったカマド跡を掘り起こしてみた。中からは瀬戸物の破片、山羊の歯と骨、ラジオ用真空管などのほか、地下足袋のゴム底10数点が出てきた。こ

れらは木曽のダム工事の際に支給され、解放後、靴が支給されるまで履いていた地下足袋であろうと推測されている。）

▪石川昇（戦後、復員して間組に勤務。中国人との「連絡員」を務めた）

中国人は御嶽ではとてもひどい扱いを受けたと話していた。戦後、信濃町でもトラブルもたくさんあり、特に駐在は目の敵にされていた。町でチンピラに絡まれた時には長大来と諸名山という中国人が助けてくれた。

1945年12月の初め頃、帰国する中国人を仮谷さんと2人で佐世保まで引率した。仮谷さんは中国語に堪能で、通訳をしていただけでなく、中国人からは非常に尊敬されていた。引率には最も危険の少ない人ということで、2人が選ばれた。中国人が帰国前に善光寺の前で撮った記念写真を5枚ほど保管している。

▪仮谷春重（通訳）

1944年まで中国の天津で電気工事の仕事をしていて、同年8月徴兵され、

華北鉄道の警備員となったが、同僚のいやがらせで、ゲリラの横行する僻地への転出を命じられたため、それを逃れて帰国した。「徴兵拒否」として憲兵に追われ、妻の実家のある長野に来た。中国語が話せることから、間組の通訳として1945年8月10日、柏原に着任した。

　柏原に来てみると、中国人125人のうち25人が栄養失調で失明していた。すぐに長野県庁へ行き「中国人を殺す気か」と迫り、食糧を大量に確保することができ、中国人にとても喜ばれ、以後、中国人に頼られ、慕われた。4日後には敗戦だったが、間組では怖くて中国人に知らせることができず、中国兵が来て知らせた。勝者となった中国人たちは、あちこちで乱暴なことをするようになったが、そのつど呼ばれては説得して収めた。朝鮮人と中国人のいざこざも警察は全く手が出せず、呼ばれていっては取りなした。

　中国人はとても礼儀正しく、帰国時の感想文では、酷使されたことへの恨みや訴え事は無く、親切に面倒をみてくれたとの感謝の意がつづられていた。中国人とは3カ月ほどのかかわりだったが、大変親交が深まり、4人の中国人と義兄弟の盃をかわした。石川昇とともに、中国人帰国者を佐世保まで引率した。

　（戦後、峯村教諭が岐阜に住む仮谷を訪ねると、「中国人の役にたったとしたら、今まで生きてきた甲斐があった。自分が現在あるのは、中国人とのかかわりがあったからだと思う」と話したという。）

文化祭での発表

　中学生たちは調査の結果を、「中国人はどのように連れてこられたか」「中国人捕虜（ママ）の人数」「名前のわかる人」「中国人の生活」「日本焼結株式会社について」の5項目にまとめ、写真や遺品、採取品、模型などとともに文化祭で展示した。

　「名前のわかる人」では5人の中国人の名前が紹介されている。

　生徒たちは、調査の結果わかった中国人5人の名前と、信濃町で死亡した4人の名前を挙げ、その家族がいるか、遺骨は帰ったかなどを調べて欲しいと、長野県知事宛に御願い文を出している。しかし返事は来なかったという。

工場跡の探索

　1987年、ひきつづき日本焼結工場の跡が黒姫山の麓にあることを調べたあてた生徒たちは、何度かの探索の末、山麓の林の中に工場の建物跡と、窯跡、そして巨大なプールのような遺構を見つけた。「大きなピット（穴）に落ち込んだら助からないよ」と、近所の人に言われたとおりの大きな穴で、生徒は「幅が13mくらいで、深さが3m、長さ100mくらいはあったような気がする」と回想している。その後、巻き尺を持参して測量し、20分の1の大きな模型

を作って文化祭に展示している。

　この穴は、掘ってきた赤土を貯蔵しておく場所だったのではないかと思われるが、実相はわからない。

　この遺構については、2013年4月、「松代大本営の保存をすすめる会」のメンバーが測量して、「日本焼結工場跡地平面図」を作成し、機関紙『保存運動』で公開している（本書48頁「日本焼結工場跡地平面図」参照）。

生存者を訪ねて

　中学生たちと調査を行った峯村教諭らは、1996年と2000年に中国を訪問し、信濃町にいた生存者7人から証言を得ている。中国人は、調査団員と出会うなり、「だまして連れて行って50年もたっているのに働いたお金も払わない……」と泣きながら訴える人、証言を終えて倒れてしまう人、「日本から帰ってからよく血を吐き、日本のことを話すたびに激しく泣いた」と、亡くなった父親のことを話す人などがいて、心身ともにいかにどひどい傷を負ったかが伝わってきた。

　中国人が間組の木曽御嶽発電所工事の現場から、1945年6月に信濃町柏原にある日本焼結株式会社の現場に移送されて働かされていた期間は、2カ月間ととても短く、気候も暖かった。食べものの量も木曽に比べれば多少は増え、中国人に理解を示す人もいて、暴力もいくらか少なかったようだ。木曽の現場での労働、衣食住、暴力があまりにもひどかったためか、柏原での労働については、記憶が薄く、戦後の地域住民との交流の記憶が多少残っているだけであった。本書138頁に1996年の訪中で得た傳洪儒、崔鳳山の証言が紹介されている。帰国に際しては、戦後、地域住民の手伝いでもらったお小遣いも含めて、アメリカ兵にすべて取り上げられたという証言もある。

不明だらけの朝鮮人労働者

　信濃中学の生徒たちは、1986年「中国人捕虜の信濃町での生活」（ママ）の調査の際、朝鮮人労働者に関する話をいくつも聞き取っていた。そして1987年には、朝鮮人労働者についての調査も行っている。

　信濃町では日本焼結工場での作業より前から、鉄橋工事、用水路工事などに従事していた朝鮮人労働者がいて、戦時中は発電所建設に伴う水路の掘削工事を行っている。

　日本焼結工場で働いていた朝鮮人労働者については、「厚生省名簿」では事業所名「長野採鉱（株）長野鉱山」94人（自由募集）と記されている。

信濃町へ連行された中国人・朝鮮人の年齢構成

年齢	15-19	20-29	30-39	40-49	50-59	60-64	60上	合計	平均	最高	最低
中国人	11人	55人	26人	26人	4人	2人	1人	125人	31.96	69歳	17歳
朝鮮人	13人	49人	19人	6人	6人	1人	0	94人	29.17	61歳	15歳

註：この表は、中国人については外務省報告書、朝鮮人については「厚生省名簿」の「自由募集」
をもとに峯村勉教諭が分析、まとめたものである。朝鮮人労働者については、「帰鮮関係編纂」「集
団朝鮮人帰鮮輸送計画資料」に記されている人数とほぼ一致している。

　聞き取りの中では、日本焼結工場の近くの三角の丸太小屋に、強制連行された朝鮮人が20～30人ほどいたという証言があったが、飯場は間組の事務所の奥にあったため人目につかず、覚えている人はごく少数だった。日本焼結工場ではそれ以外にも朝鮮人が200～300人働いていたと推定され、中には家族と共に付近の農家の物置や座敷を借りて住んでいた人もいたようで、峯村教諭はその家族を8戸ほど確認しており、調査当時には3戸ほどが居住していた。生徒たちはその家族に証言を御願いしたが、断られて断念した。生徒たちはいまだ苦難の道を歩んでいる朝鮮人の思いを垣間見たようだ。

　信濃町仁之倉の「永寿院」裏の共同墓地には、日本焼結工場で働いていた朝鮮人の子ども、日本名平井しげ子（当時2歳）のお墓があり小さな石が置かれていて、「しげ子ちゃんのお墓」と呼んで、信濃中学の子どもたちなどが、ときどき花を手向けていた。今はその墓石もわからなくなってしまっている。

「しげ子ちゃんのお墓」（撮影：北原高子）

　信濃町での朝鮮人労働者の状況については、他の現場同様、詳細はほとんどわかっていない。

---

(1) 丸太を三角に組んで屋根の形にし、トタンなどをかぶせただけの柱のない家屋
　（本書54頁写真参照）
(2) 生米を精米するときに出る粉
(3) 小麦を精麦するときに出る外皮

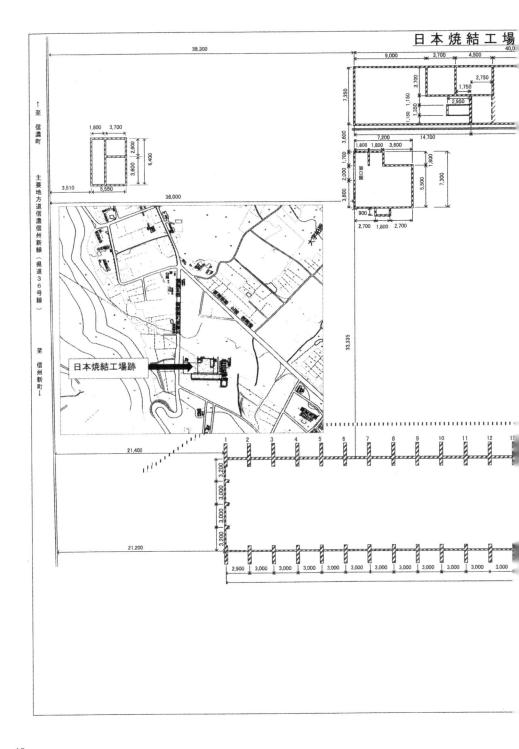

平 面 図

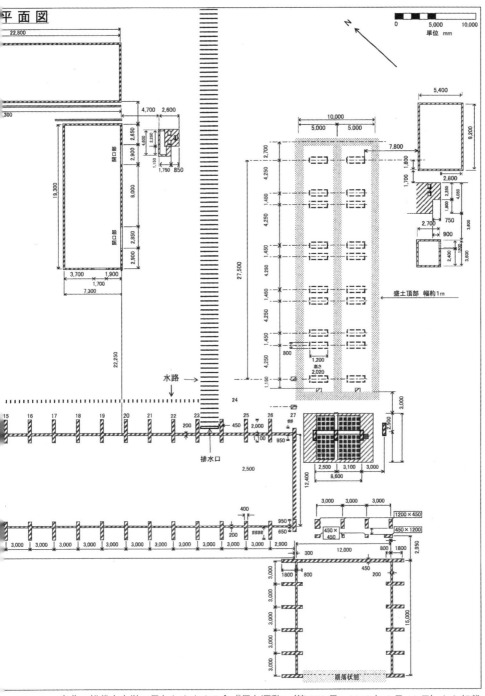

盛土頂部 幅約1m

水路→

排水口

単位 mm

松代大本営地下壕

（朝鮮人）

本土決戦に向け、大本営の移転先を構築

はじめに

　松代（現長野市松代町）は、善光寺平（長野盆地）の南端にあり、東西南を山に囲まれ、千曲川と犀川のつくる川中島平に向かって開かれた小盆地にある。町の北の山丘斜面には古代、朝鮮系の渡来人が造ったとされる、500余基の古墳群（国指定史跡）が残っている。川中島平では戦国時代、上杉謙信と武田信玄が合戦を繰り広げ、この合戦時に武田氏が築城した海津城は松代城の前身である。江戸時代には、信州諸藩の中では最も石高の大きい藩、真田氏10万石の城下町として栄え、北信濃の政治・経済・文化の中心をなした。今も城跡や侍屋敷、立派な寺院、往時の面影を伝える古い家並みなどが残っており、古代から現代まで長い歴史と文化を持ち続けてきた町である。

　ここに、アジア太平洋戦争末期の1944年秋、戦争指導の最高機関である大本営の移転先が、突如として極秘のうちに構築され始めた。天皇はじめ大本営、

公開されている象山地下壕内部（撮影：西条秀夫）

50

政府機関、日本放送協会など国の主な機関を移す計画で、松代を中心に善光寺平一帯に10数カ所の地下壕が掘り進められた。この松代大本営工事は、大本営であることは極秘で「松代倉庫工事」通称「マ工事」と称して行われた。この工事には多くの朝鮮人労働者が強制的に動

松代城址（撮影：北原高子）

員され、過酷な労働を強いられた。その数6500〜7000人と言われるが実態はいまだ十分には解明されていない。

大本営の設置と移転計画

　大本営とは本来、宣戦を布告した戦争において、陸海軍の最高司令官である天皇（大元帥）のもとで戦争を指揮する最高統帥機関である。具体的には1893年、「戦時大本営条例」のもとに大本営が設置され、翌年日清戦争に突入し、次に1903年12月、再び大本営を設置して翌04年日露戦争を開始した。その後日本は、宣戦布告なしに「事変」と称してあちこちに戦争を仕掛けていて、37年に起こった日中戦争は、「支那事変」と称していたので、事変でも大本営を設置できるよう「大本営令」を公布して「戦時または事変」にも大本営を設置できるようにして宮中に「大本営」を設置した。この大本営は、日中戦争からアジア太平洋戦争につづき、45年9月に廃止されるまで存続した。

　宮中に設置された大本営を移転しようという計画は、アジア太平洋戦争の末期に浮上した。

　1941年、アジア太平洋戦争に突入した日本は、当初は優勢とみられていたものの、42年6月、ミッドウェイ海戦に敗れて以来劣勢となって、43年に入ると連合国軍の反撃が激しくなり、同年9月に設定した「絶対国防圏」も危機に陥り、日本本土への空襲も避けられない情勢となった。

　最初に大本営移転の必要性を唱えたのは、陸軍省軍事課予算班の参謀、井田正孝少佐（のちに岩田に改姓、1945年中佐に昇進）であったという。井田少佐は、近いうちに東京への空襲も必至と考え、1944年の初めころ、東條英機陸軍大臣の次官である富永恭次中将に大本営移転案を進言した。同年5月ころ、富永次官から「信州辺りに適地を探せ」との命を受けた井田正孝少佐は、兵務局防衛課の黒崎貞明少佐、建築課の鎌田隆男建技中佐とともに信州にやってきた。その時のことを黒崎少佐は次のように証言している。

「なかなか条件に合う場所がないのです。条件というのは、ⅰ、地下に軍事施設や宮殿を造るので岩盤が頑丈なこと。ⅱ、地下施設の近くに飛行場があること、戦況によっては通信、鉄道の不通が考えられるので、連絡上、どうしても飛行場がほしかった。もちろん既設のものではなくても場所があればよい。ⅲ、工事がやさしい。それにもう１つ、陛下がお移りになることになるので、風格というか、品位というか、そうした環境があることも条件の中に入っていました。もともと信州を候補地にしたのは、"神州"に通ずるという気持ちもあったのではないかと思います」

（読売新聞社『昭和史の天皇3』読売新聞社、1968年）

　また、松代に入り、松代の三山（象山、舞鶴山、皆神山）を見つけたときのことを井田少佐は、次のように証言している。

「松代盆地に入ってわたしたちの目に最初に飛び込んだのは象山のガッシリした山容でした。山肌から大きな岩が露出している。いいぞ、と思って鎌田さんをふりかえると、同感だったらしく『これはいい』と声をあげました。それに象山から東へ連なる山々のかっこうもいい。5万分の1（参謀本部作成の地図）を取り出して山の名を調べてみたら、それはノロシ山、皆神山とある。変なことをかつぐようだが、皆神山というこの名も気に入ったのです。それに山あいには、建設工事に使うにふさわしいかなりの広さの平地もある。私は一目見てこの松代盆地にしよう、と考えました。さっそく頭の中で配置プランを考えてみた。（中略）松代の山々を見ながら、次から次へと思いを馳せたものでした」

（前掲『昭和史の天皇3』）

　「NPO法人松代大本営平和祈念館」発行の資料では松代が選ばれた理由を次のように整理している。

- 戦略的に東京から離れていて、本州の最も幅の広い地域にあり、近くに飛行場がある。
- 地質的に硬い岩盤で抗弾力に富み、地下壕の掘削に適する。
- 山に囲まれた盆地にあり、工事に適する広い平地がある。
- 長野県は比較的労働力が豊富である。
- 信州は人情が純朴で天皇を移動させるにふさわしい風格、品位があり、信州は「神州」に通じる。防諜上からも適している。

　そして地質調査などが行われ、設計を委託された伊藤節三建技少佐は、7月中旬ころ、象山に本部用の2本の隧道、舞鶴山に天皇御座所を作る案を東條首相に示した。しかし「狭すぎる、やり直せ」「この移転計画は、単に軍部機

関の移動を目的としているのではない。日本の政府全体が移ることを目的としているのだ」と却下され、再度設計を練り直すことになった。松代には大本営という軍機関だけでなく、政治の中枢もすべて移すという「遷都計画」のような構想であった。こうしたなかでサイパン島も陥落し、東條内閣は7月18日、総辞職した。大本営の移転計画は小磯内閣に引き継がれることとなった。

移転工事の開始

　1944年9月23日、工事命令が下り、加藤幸夫建技少佐（東部軍経理部部員）が東部軍管区松代地下建設隊長に任命され、工事主任には加藤少佐の部下である吉田栄一建技大尉が命じられた。現地の地形・地質などを予備調査した加藤少佐たちは、「朝鮮人労務者2000人を富山県から送り込む」という東部軍経理部からの指令を受け、地下壕掘削の作業にあたる労働者の宿舎（飯場）を急いで建設することとなった。

　工事は「松代倉庫工事」通称「マ工事」と称して最初の工事命令「マ（10・4）工事」が始まった。

　10月4日、近隣の地主が集められ、土地台帳をもとに関係市町村ごとに土地の買収が進められ、飯場等の建設が始まった。

　飯場の建設について、工事主任であった吉田栄一建技大尉は、「松代大本営工事回顧」（『軍事史学』第20巻2号〈1984年〉所収）の中の「労務者用の架設宿舎の建設」に詳しく記している。それによると、先遣隊の手で買収済みの松代他4カ村3地区の桑畑を開墾して、労務者（家族共）1万3000人の宿舎を10月末までに建設することが任務で、工事現場はイ地区（清野村）、ロ地区（西条村と豊栄村）、ハ地区（豊栄村）の3地区に分かれ、工事規模はイ地区139棟（延べ104万40㎡）、ロ地区78棟（延べ22万190㎡）、ハ地区30棟（延べ1,935,851㎡）、計247棟、以後増設を重ね、敗戦時には304棟、延べ242万4682㎡、約7334坪に及んだ。建物はすべて木造平屋建で、三角兵舎も数棟取り入れたとしている。建設作業については、特設作業中隊が中隊長以下准尉・技手・雇員・動員学徒のもと大工・鳶・左官・電工など約80人で編成され、これに加え、数日交替で派遣される県内各地からの労務報国会（全国組織で大工・土工・左官など建設30数職種で構成）会員、地元消防団員等あわせて1日約300人を配して建設工事が行われ、予定より早く10月下旬には全工事が完成した、としている。

　「三角兵舎」というのは、天地根元造りという工法で、2本の柱を合掌式に組み合わせて接点をボルトで締め、それを地面の上に何組も並べ、骨組みと骨組みの間に板を張り、これが屋根となり壁となる。内部は、中央の地面を縦に

三角兵舎（和田登『図録 松代大本営　幻の大本営の秘密を探る』
〈郷土出版社、1987年〉から転載）

掘り、そこを通路にして両側に板を敷き、食・寝・生活の場とするという宿舎で、松代大本営の設計図を初めに書いた、伊藤節三建技少佐が以前考案し、陸軍技術有功章を受けている。材料が軽く単一で、短時間に簡単に組み立てられるというメリットがあったが、冬は寒く夏は暑く雨水がたまる最悪の宿舎で、朝鮮人労働者を苦しめた。

　100馬力級のコンプレッサー20台、鑿岩機（さくがんき）306機、送気送水管、加熱炉、坑木など資機材が準備され、象山と妻女山（さいじょざん）の山あいに3万5000Vの高圧線で各工事現場へ電力を供給する変電所も設置された。

　大本営関連工事は、東部軍が運輸通信省に委託し、西松組が請け負い、後に鹿島組も請け負った。

　当初、西松組は、矢野亭を隊長、村井平一郎を副隊長（次長）に、作業隊として西松組職員・親分130人、岩手県のダム工事に使役していた朝鮮人労働者約500人とその家族を一団にして松代へ来て準備を始めた。

　このように、松代への大本営移転は、天皇はじめ大本営・政府各機関・皇族・通信施設など、国家の中枢部の移転計画であった。これらの移転先は善光寺平一帯、20キロ四方に及んでいる。賢所を除くこれらの施設の構築には、朝鮮人労働者が従事している。

工事の実際

①「マ（10.4）工事」（イ・ロ・ハ号倉庫）

　1944年10月4日の工事命令で、土地の買収、飯場の建設、機材の準備など、様々な準備を整えた後、11月11日、松代の3つの山（象山、舞鶴山、皆神山）で掘削工事が開始された。激しくなった米軍の本土空襲を避け、大本営を安全な場所に移転し、指揮系統を守ろうとした時期の計画である。

　当初は前述の西松組作業隊（西松組職員・親分130人、岩手県のダム工事現場から朝鮮人労働者500人とその家族）と特設作業中隊約80人、長野県知事の

要請で朝鮮総督府が徴用し富山へ上陸した朝鮮人労務者約2000人の作業員が工事に従事した。

▪ イ号倉庫（象山地下壕）

　象山地下壕は、松代藩出身の幕末の兵学者・佐久間象山（地元では"ぞうざん"とも呼ぶ）の生誕地に伸びる細長い象山の山の中に、縦抗が20m毎に20本、50m毎に横坑で繋がる碁盤の目のように、総延長5854m掘られている。壕の大きさはすべて同じではないが、ほとんどのものは底幅4m、頂高2.7m、肩高2mである。ここには政府・日本放送協会・中央電話局、約1万人を収容する予定であった

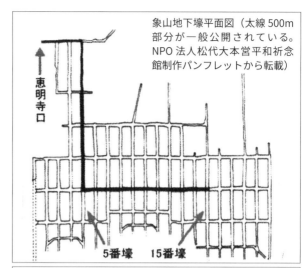

象山地下壕平面図（太線500m部分が一般公開されている。NPO法人松代大本営平和祈念館制作パンフレットから転載）

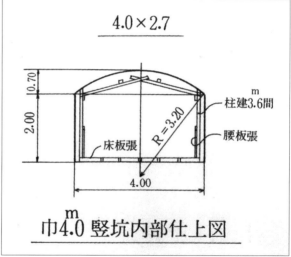

「松代倉庫新設工事設計図　東部軍管区経理部〈マ（6・8）工事　イ号倉庫平面詳細〉」（『長野県史』近代史料編4巻付図より転載）

という。敗戦時には壕内の幅4mのうち、3m部分に木造の部屋が出来上がっていたといわれ、設計図も残っている。

　敗戦後、壕内の家屋は取り外され、現在は岩肌がむきだしになったままの姿で残っている。象山地下壕用の飯場、「イ地区」には、三角兵舎を含む139棟の飯場が立ち並び、3500人ほどの労働者が住んでいたとされ、そのほとんどは朝鮮人労働者で、昼夜兼行の重労働に駆り立てられていた。イ地区は松代最

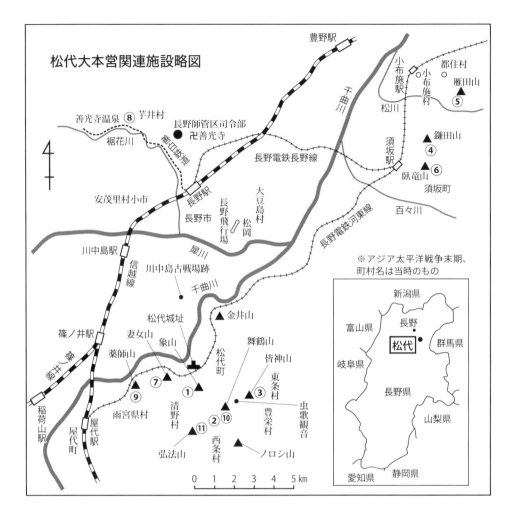

松代大本営関連施設略図

※アジア太平洋戦争末期、町村名は当時のもの

大の飯場で、西松組配下の下請け、孫請け、ひ孫請けが混在し、いわゆる自主渡航組と被連行者が混じり、所帯持ち、独身者などさまざまで、それが待遇や労務管理の格差となって現れていたようだ。監視の目は専ら被連行者の逃亡監視に向けられた。

　水田地帯に作られた飯場なので地下水位は高く、井戸を掘れば水は出たが、水質が悪く飲用水は日本人居住地域の「赤池」と呼ばれる清水の出る池から汲んでこなければならなかった。有刺鉄線は張られておらず、地域の農民との交流も多かった。

　1990年より象山地下壕の一部500m区間が一般公開され、長野市観光振興課が安全対策を施し管理している。「大本営の見学」といって多くの人々が見

予定された大本営関連施設（「松代倉庫工事」）の概要

	倉庫名等	工事命令	場所	用途	壕数	面積
①	イ号倉庫	1944.10.4	松代町象山	政府、NHK 中央電話局	20 本	19,369,000㎡
②	ロ号倉庫	1944.10.4	松代町舞鶴山	大本営	5 本	8,706,000㎡
③	ハ号倉庫	1944.10.4	松代町皆神山	食料庫	6 本	6,007,000㎡
⑩	仮皇居	1945.3.23	松代町舞鶴山	天皇、皇后、宮内省	地上・地下	3,804,095㎡
④	ニ号倉庫	1945.3.23	須坂市鎌田山	送信施設	3 本	2,960,000㎡
⑤	ホ号倉庫	1945.3.23	小布施町雁田山	送信施設	—	
⑥	ヘ号倉庫	1945.6.8	須坂市臥竜山	送信施設	—	
⑦	ト号倉庫	1945.6.8	松代町妻女山	受信施設	3 本	1,582,000㎡
⑧	チ号倉庫	1945.7.12	長野善白鉄道隧道	皇太子、皇太后	—	
⑨	リ号倉庫	1945.7.12	千曲市薬師山	印刷局	—	
⑪	賢所	1945.7.12	松代町弘法山	賢所（かしこどころ）	坑口のみ	

出典：青木孝寿『松代大本営　歴史の証言』を元に作成　　　　　　　　　　計 | 41,220,455㎡

学に訪れるのは、この象山地下壕である。

　70 数年前の戦争遺跡に実際に入って体験できる場所、朝鮮人労働者の苛酷な労働現場を実感できる場所として、全国から大勢の見学者、特に小・中・高校生が平和学習・歴史学習・修学旅行の目的で訪れる。

▪ ロ号倉庫（舞鶴山地下壕）

　舞鶴山地下壕は、大本営事務室・会議室用につくられたもので、狭義の大本営はここである。

　象山地下壕同様、底幅 4 m、頂高 2.7 m、肩高 2 mの縦抗 5 本が 50 m毎に横坑で繋がれて碁盤の目のように 2600 mほど掘削されている。

　飯場は 78 棟とされている。ロ地区には壕の掘削技術指導を担当する運輸省松代建設隊本部や西松組の本部が置かれ、建設資材置き場やトラック燃料倉庫などがあり、まさに「大本営」構築の中心部隊であったことから、資材の盗難防止、情報の漏洩防止が厳重に行われた。憲兵の監視体制が最も厳しく、周囲は有刺鉄線がめぐらされ、出入りは常に門番が点検していたという。監視が厳しい上、周辺の農家とは少し離れていたので、外部との交流は限られていたようだ。

　また、ロ地区では朝鮮人労働者を集合させて、「皇国臣民の誓詞」（註1）（本書 87

頁註(1)参照）を奉唱させたという。

ロ号倉庫は、1947年より気象庁が精密地震観測計を設置して観測を続けており、年に1度の公開日以外は中に入れない。

■ ハ号倉庫（皆神山地下壕）

皆神山地下壕は、名前が気に入られたと言われ、初めは軍司令部用（一説に皇族住居用）に予定されたが、岩盤がもろく、住居には適さず、風穴があるので、食料庫用に用途が変更された。象山、舞鶴山と同様、碁盤の目のように掘る予定の設計図が残っているが、予定された1900mのうち3分の2ほどしか掘られていない。現在は危険で入壕できない。吉田栄一建技大尉の記録では飯場は30棟とされ、豊栄村の「とよさか誌」によると、居住者は800人で所帯持ちが比較的多かったという。他地区より監視の目は穏やかで、農家に風呂をもらいに来るなど、交流もあったようだ。

今は坑口の痕跡が1つ残っているだけだが、皆神山近くに住んでいた坂口富之助は『公私大観録』（私家版、1947年）に当時の詳細を絵と文で書き残している。この中には「大東亜戦争にて皆神山軍事施設にて被害を受けし人々」として周辺の人々の名前と「大土砂押出」（引用者註：壕掘削の土砂が畑に押し出されたこと）とか、「墓地移転」などと書かれている。墓地は石塔を一つ一つ背負子で背負って、山の上のお寺まで運んだという。また富之助の描いた「皆神山軍事施設」の絵には「昭和20年長野市爆撃の日　米機13」とあり、1945年8月13日の長野空襲に飛来した米軍の艦載機が13機描かれ、今は形をとどめていない皆神山の8つの坑口、弾薬庫、軍用道路、飯場の家屋とともに「半島の家」として三角兵舎が描かれるなど、リアルに当時のハ地区の姿が再現されている。そして敗戦後のある日、皆神山で使用された資材が払い下げられるというので住民総出で持ち去ったところ、全部返せと言われて1000分の1ほどは戻ったなど、興味深いエピソードもたくさん書かれている。

ハ号倉庫は、最初、皇族の住居を予定したなどと言われるように、使われた資材はかなり高価なものだったようだし、設置された厠（かわや）は、頑丈なコンクリートでいまもそのまま残っている。それぞれの地下壕には、ハ地区同様、厠跡が残っている。

②「マ（3.23）工事」（仮皇居、ニ・ト号倉庫）

1945年3月23日命令の工事で、仮皇居、通信施設などの構築が計画された。避けられない「本土決戦」に備え、大元帥（天皇）を安全な場所へ移そうとする時期の工事である。

■ 仮皇居

　仮皇居（天皇・皇后用地上庁舎と地下御殿および宮内省用地上庁舎）の建設は、ロ号倉庫のある舞鶴山の高い方に計画された。工事に先立ち、1945年4月5日、建設予定地周辺の住民、109戸124世帯の600余人に立ち退きが命じられた。住民が近くにいることは警備上、防諜上不都合であると、軍部が考えたようだ。ただ、田畑の耕作と収穫物は前所有者に任せられたが、途中に衛門が造られて武装した歩哨が立ち、耕作者や出入りする者には、門鑑を提示させ、持ち物等を検査して通行を許可する厳重な警戒ぶりであった。

　作業は主に鹿島組社員と朝鮮人労働者180人の他、地元の労務報国会の労働者、国民義勇隊、特設作業中隊などが担当した。

　天皇用、皇后用、宮内省用の地上施設は、半地下（覆土式）鉄筋コンクリート造りで、天井のコンクリートの厚みが約1m、壁の厚みは30cm以上ある頑丈な建物である。外壁の塗り替えはされているが、現在も当時のままの姿で残っている。地下には天皇・皇后用の木造の御殿が造られている。

　また、仮皇居の完成前に天皇の動座が必要になった場合の緊急事態に備え、立ち退き民家2棟を移築し、改築・増設した。

皇后用地上庁舎（撮影：北原高子）

建設隊長加藤幸夫建技少佐は、「地下御殿掘削の際、朝鮮人を使ったか使わなかったかはちょっとはっきりしない。（朝鮮人を使うことは）好ましくないということは西松組の矢野隊長らも知っていた」「地下（地下御座所）のあのときもなるべく日本人ということは言った」（青木孝寿『松代大本営　歴史の証言』新日本出版社、1992年）と証言しており、仮皇居建設のときにすでに朝鮮人忌避の考え方があったことがわかる。

▪ニ号倉庫（鎌田山地下壕）
　仮皇居の構築と同じ1945年3月23日の命令で、大本営を機能させるために重要な通信関係の施設として、須坂市鎌田山に送信施設用3本の壕が掘削された（本書94頁参照）。

▪ト号倉庫妻女山地下壕
　同じく「マ（3.23）工事」として、象山地下壕に近い、松代町清野の妻女山に受信施設用3本の壕を掘削した。1本の坑口が残っているが、中に入ることはできない。

　③「マ（6.8）工事」（ホ・ヘ号倉庫）
　ホ号倉庫は小布施町の雁田山に、ヘ号倉庫は須坂市の臥竜山に送信施設用の地下壕掘削が計画されたが痕跡はとどめていない。

　④「マ（7.12）工事」（賢所、チ・リ号倉庫）
　1945年7月12日命令の工事で、賢所、皇太子・皇太后の移転先などの構築が予定された。敗戦は必至となるが「国体（天皇制）護持」を図ろうとする時期である。

▪賢所
　「賢所」とは、明治以後、宮中に設けられた宮中三殿（神殿・皇霊殿・賢所）の1つで、天皇制の権威のシンボルである三種の神器（鏡・剣・玉）のうち、鏡を祀る場所である。天皇の権威のシンボルとして継承されてきた三種の神器は、鏡は伊勢神宮に、剣は熱田神宮に、玉は宮中に伝えられ、宮中の賢所の神鏡は伊勢神宮の鏡の写しとされているもので、天皇が松代に動座するとすれば、まず神鏡のある賢所の建設が必要とされた。
　当初の計画では天皇用地下御殿の部屋の奥に神棚を作って安置しようと準備されていた。

慰安所（産業慰安所）の設置

　大本営用施設の構築が始まる 1944 年 11 月、松代には「慰安所」がつくられた。松代町には「六工社」（1873 年創業）という国内初の民間蒸気製糸工場があり、その敷地の一角に女工たちが講話を聞いたりレクリエーションをしたりする「娯楽場」があった。

　工場はすでに閉鎖され、家主が物置などに使っていたが、1944 年 10 月、大本営工事の開始に伴い、村の駐在の要請で、大工たちの宿舎に使われた。大工たちが飯場の建設を終えて帰った後、今度はここを「慰安所」に貸すよう迫られた。家主は次のように証言している。

　「1944 年の 11 月頃、駐在巡査が来て、『そろそろ朝鮮の労務者が入ってくるから、付近の婦女子にいたずらなんかしねえように、慰安婦を連れてきて、そこで料理屋兼ねてやるから貸してくんねえか』と言った。私それ聞いたら、なお、やだくなった。『人に貸すようになってねえから、貸すのいやだ』って私言ったら『これだけ御願いしてもあんた国策に協力できねか』って言われたから。あの当時国策に協力できねってことは国賊……」（ビデオ『松代大本営』で証言）

　朝鮮人労働者、崔小岩（後述）は「朝鮮人の飯場できて、何千人という若い者来るから、村の女に手をつけたらいけねえし、強姦事件でもあったら困るってわけで朝鮮の女を連れてきたんだ。そんな噂は朝鮮人の間にはパーっと広がった」（松代大本営労働証言集編集委員会『岩陰の語り』郷土出版社、2001 年）と言っている。

　岩手県釜石市より引っ越してきた日本名「春山」（晴山）という一家（夫婦と子ども）と接客婦 4 名、雑役（用心棒）男性 1 名が営業していた。日本人の客は無かったようで、朝鮮人労働者の中でも現場の頭など、上層部の人たちが来ていたようだと家主が言っている。敗戦後、春山一家と使用人はそろって帰国したという。

　近所の子どもたちは、近づくことさえ固く禁じられていたが、一郎ちゃん、菊ちゃん、ウメちゃんという子どもがいて、近所の子どもたちと遊んでいたという証言がある。2018 年に明らかになった「帰鮮関係編纂」の名簿の中には、この一家と思われる「晴山文吉、花子、一郎、玉子、菊子、ウメ子」の名前があった。「晴山」が正しい日本名であったようだ。

　6 月中旬、構築中の仮皇居を視察した宮内省小倉庫次侍従は、工事主任の吉田栄一に「陛下には万一のことがあっても、三種の神器は不可侵である。同じ場所しかも物置を充てることは許されない。陛下の常の御座所と伊勢の皇大神宮を結ぶ線上に南面して、造営し、然もその掘削には純粋の日本人の手によること」とし、賢所は天皇とは別の場所に造営し、皇太后・皇太子も別の場所に移すよう指示したという（前掲「松代大本営工事回顧」）。

急きょ舞鶴山西方の弘法山に賢所用地下壕掘削が計画され、「純粋の日本人」との命令に従い、朝鮮人労働者は使わず、熱海の地下建設隊所属鉄道教習所（通称トンネル学校）の少年隊が増員された。

　賢所は外部からの爆風が徐々に消えて神殿に届かぬよう「稲妻型」に掘削するよう計画された。しかし、取り付け道路をつくり、坑口を掘りかけたところで敗戦となった。

■ チ号倉庫（善白鉄道廃トンネル）

　皇太子・皇太后の移転地については、当初から長野市茂菅の善光寺白馬電鉄の廃トンネルが予定されていた。善光寺と白馬を結んでいた善白鉄道は、1943年運行を中止し、44年1月には軌道を撤去していた。皇太子・皇太后・親王・内親王・3直系宮家が使用するよう、廃トンネル4本のうち3本を整備し、耐弾壁、耐弾扉などをつけ、トンネル内部に部屋を造る予定であったが、準備だけで終わった。

■ リ号倉庫

　印刷局用に、千曲市薬師山に掘削が予定されていたが、掘られていない。

⑤その他の関連工事

■ 長野飛行場拡張工事

　松代への大本営移転に伴い、1945年1月より、朝鮮人労働者を含む地元の人の労働で拡張工事が行われた（本書88頁参照）。

■ 大本営海軍部用地下壕

　松代大本営は陸軍中心の計画であったが、1945年6月には海軍も独自に地下壕を建設することを決定した。松代の舞鶴山地下壕から16キロほど北西の上水内郡安茂里村小市（現長野市）に、海軍の第300設営隊の500人が派遣され、民家や寺院などに宿泊して掘削にあたったが、100mほど掘ったところで敗戦となった。現在は壕の入口がわずかに残るだけで、崩落が進んでいる。

　松代への大本営移転は本土決戦準備が大きな目的と考えられているが、正式に「本土決戦準備」のための作戦命令が出るのは、1945年に入ってからである。松代大本営の構築目的について、青木孝寿は『松代大本営　歴史の証言』の中で、「松代大本営は、米軍の空襲からの防空壕・避難壕・退避場であり、本土決戦の作戦の指揮の中枢であり、国体護持のための拠点であり、この3つの目的・

役割が結びついて、戦局の推移の中で変転していった」と述べている。

工事の担い手

　工事に従事した人は延べ 300 万人と言われている。時期によって従事者の人数は異なっているだろうが、工事期間はおよそ 9 カ月なので、平均すると 1 日 1 万人ほどが働いていたと思われる。そのうち 3 割ほどが日本人、7 割ほどが朝鮮人労働者と考えられている。

①日本人
　日本人は東部軍、労務報国会、国民勤労報国隊（註2）、地元住民、学徒・児童などおよそ 3000 人が工事に動員されたと言われている。

　軍関係は、「マ（10・4）工事」の際の特設作業隊 2 個中隊に加え、「マ（3・23）工事」では更に増員された。運輸通信省関係では、熱海の地下建設隊に組織された鉄道関係者約 100 人が技術指導のため動員され、同建設隊所属鉄道教習所の 17 〜 18 歳の少年たちが、45 年 3 月には 30 人、5 月には 100 人、7 月には賢所建設のため 40 人が動員されている。

　一般人の動員では、飯場の建設や大本営の作戦室、仮皇居の建設などのため、大工・鳶・左官など、専門技術を持つ労務報国会や、「国民勤労報国協力令」に基づき、翼賛壮年団などが国民勤労報国隊に組織されて松代に送りこまれた。学生は施設隊本部で設計施工などの助手、中学生（今の高校生）は砕石の運搬や備品のトラック運輪の助手、地元の国民学校の児童はコンクリート用の砂利を集めたり、砕石に草木をかぶせてカモフラージュする仕事などをした。近隣の女性たちは、粘土を含んだ土を固く丸めて、ダイナマイトの爆発威力を高めるために導火線の口に詰める「アンコ」と呼ばれるものを作った。

②朝鮮人
　松代大本営建設の中心を担ったのは朝鮮人労働者である。10 数カ所にのぼる施設の構築のほとんどすべてに朝鮮人労働者が使役されており、その数は 7000 人ほどと言われている。
▪労働者の移入（移入の方法については本書 20 頁参照）
　いわゆる「自主渡航」者の動員は、前述の岩手県の山奥で西松組のダム工事をしていた朝鮮人労務者 500 人とその家族計 600 人。鹿島組は都内で工事をしていた朝鮮人を引き抜いて約 180 人に職員を加えて 200 人とされている。
　強制連行者について、朝鮮人強制連行真相調査団『朝鮮人強制連行調査の記録 中部・東海編』（柏書房、1997 年）では証言を総合して少なくとも 5 回の動

員があったとしている。第1回は44年11月ごろ朝鮮総督府の徴用約2000人、第2回は同年冬、東京・汐留経由で約1000人、第3回は45年1月〜2月ごろ愛知県小牧から約300人、第4回は釜山・富山経由で約600人、第5回は3〜4月ごろ鹿島組関係で100人余り、合計すると4000人ほどになる。

　1984年8月10日付の『信濃毎日新聞』に、「祖国から無理やりに」という見出しで、岐阜市に住んでいた姜永漢が、舞鶴山地下壕でなくなった同胞に花束をささげる写真が載っている。

　児童文学作家の和田登や松代大本営の調査研究に取り組んでいた原山茂夫らが姜永漢の聞き取りを行い、後述する舞鶴山での事故の詳細が明らかになった。原山は、姜の証言で明らかになった犠牲者の1人、朴道三のふるさとを訪ね、朴とともに連行されていた金昌箕と鄭厳秀に会い、当時のことを聞き取り、『岩陰の語り』（松代大本営労働証言集編集委員会、郷土出版社、2001年）に載せている。2人の証言の中の、具体的にどう連行されたかを語っている部分を紹介したい。

- 金昌箕——私は慶尚南道昌寧郡で農業をやっていたが、軍隊用の「かます」を編んで日本軍に収めていれば徴用を免れると聞いていたので、結婚したばかりの時だったから、そりゃもう一生懸命「かます」を編んでいたんだ。ところが2月ごろだったか、野郎ども（村役人たち）が来て、有無を言わさず家から連行されたんだ。25歳の時だった。着替える間もないんだ。妻は何が何だかわからず、ただ呆然としていたよ。何て言ったって新婚早々に妻と引き裂かれたのが一番辛かった。あの時、大合面からは110人くらいが一緒に徴用されて、トラックで釜山まで運ばれた。富山で船から降りたら貨物列車に詰め込まれて外から錠をかけられちゃったんだ。まるで囚人だ。だから用便も外へ出てできない。そうしたら「これでやれ」ってバケツが1つ投げ込まれた。まずい「むすび」はくれたが列車の中は藁みたいなものしか敷いてなくて、寒くて寒くてしょうがなかった。
- 鄭厳秀——私は1945年の6月に昌寧郡で徴用された。22歳の時だった。郡役所の兵務係たちが夜突然家に来て、逮捕されるようにトラックに乗せられた。途中、隣の密陽郡から連行された者たちも詰め込まれて50人くらいに増えて釜山まで連れていかれた。釜山で船を待っている間に、空襲警報のどさくさを利用して20人くらいが脱走した。私も逃げようと機会をうかがっていたが、監視がきびしくてできなかった。釜山から仙崎（山口県）に着くと貨物列車に詰め込まれた。各貨車には朝鮮人の監視が乗っていて、貨車の戸口には錠がかかっていて、外へは出られない。用便も監

視付きで連結器の間でやらざるをえなかった。飯は監視が釜山で仕入れて
きたものを少し配っただけで、ほとんど飲まず食わずで、腹が減ってしょ
うがなかった。おまけに名古屋あたりで空襲にあって列車が遅れ、余計に
時間がかかったりした。長野駅でトラックに乗せられて松代の象山の飯場
に着き、引率・監視をしていた朝鮮人は帰っていった。

　1991 〜 92 年には、韓国の要請による「厚生省名簿」が公表された（本書
27 頁参照）。ここでは、西松組の雇い入れ「自由移入」（自由募集と同義か。以
下同じ）は 2192 人、官斡旋は 248 人とされ、鹿島組の雇い入れは「自由移入」
のみで 78 人とされている。西松組については労働者の人数のみの記録だが、
鹿島組については日本名で 78 人の氏名・年齢・本籍職種なども記されている。
　この名簿がでると、原山茂夫は、1994 年訪韓し、名簿の中にいた、李性
国、李洪根、李性欽の 3 人に面会した。3 人は「自由移入」のメンバーで、
1941 年ころ同郷の金原一郎親方を頼って来日し、最初は静岡県の金山で働き、
川崎の日立工場で働いた後、45 年春、金原と共に松代に来たという。食べ物、
賃金などの待遇も悪くなく、ひどい仕打ちも受けなかったと話したという（原
山茂夫『手さぐり松代大本営』銀河書房、1995 年）。親方により朝鮮人労働者の
扱いに違いがあったようだ。

　松代全体では、一体どのくらいの朝鮮人が動員されていたのか、正確にはわ
からないが、全体を見渡せる立場にあった人たちは次のように証言している。
・加藤幸夫隊長——約 6500 人。現場に 2000 人が入っていたと思うので、
　3 交代で 6000 人。それに食事、洗濯など世話をする婦女子が 500 人くら
　い。（1991 年青木孝寿聞き取り。青木孝寿『松代大本営　歴史の証言』）
・吉田栄一工事主任——約 7000 人の朝鮮人労務者が 3 交代で。（前掲「松代
　大本営工事回顧」）
・趙仁済西松組労務係——イ・ロ・ハ地区で 35 〜 36 班あり、1 班約 200 人。
　中には 200 人以上の班もあり、計約 8000 人。（『信濃毎日新聞』1989 年 1
　月 28 日付）
・歴史家・朴慶植——約 7000 人。「国内にいた朝鮮人労働者を『連行』した。
　そのあと朝鮮総督府との連繋のうえ直接朝鮮から 11 月ごろ約 2000 人、
　さらにその後 500 人くらいを何度かに分けて連行し、合計約 7000 人の
　朝鮮人が狩り集められた。直接連行されたものは南朝鮮出身のものが大部
　分で、後からのものは北朝鮮出身者もいた。」（朴慶植『天皇制国家と在日朝
　鮮人』社会評論社、1976 年）

これらの人数は直接工事に従事していた労働者の人数かどうかはわからない。また、須坂作業所など、松代以外の箇所についての朝鮮人労働者数が含まれているかどうかも不明である。

朝鮮人労働者の生活

　朝鮮人労働者の生活状況についてのまとまった記録はないため、聞き取り・証言をもとにして把握していることを紹介したい。

　工事の始まった1944年11月から45年にかけての長野県は、例年にない大雪と極寒の冬で、12月からは例年の旬間平均気温より3℃ほど低く、3月中旬まで氷点下がつづく気候だった。労働者は湿地帯に建てた粗末な飯場に収容されるが、もともと畑だったところなので雨が降ればぬかるんで歩けないような所で、なかでも三角兵舎は特に劣悪だった。敷布団はワラ。薄い掛布団の綿は3〜4日で隅に寄ってしまい、雪が吹き込むと端が凍ってしまう。しもやけができて辛い。

　食事はコーリャン7分、米3分に大豆と大根少々。味は塩だけ。とにかく常に空腹だった。一方、労働者の人数を多めに申告し、配給されたものを親方が横流ししていたという話もある。

　つぎはぎつぎはぎで元の布が見えなくなってしまうような衣服で、履き物（地下足袋）の支給が極めて少ないうえ粗悪で、底が割れたり裂けたりしてしまうので、足にぼろを巻いたり、手ぬぐいで縛り付けて作業をしたが、足が切れて血が出ても仕事は続けなければならなかった。トロッコからの落石で足の指をつぶした人もいる。

　そういう状態で初めは3交替、まもなく2交替で12時間労働になり、厳しい監視つきでの労働を強いられた。強制連行者には特に厳しく、自主渡航者も連行された労働者と一緒に生活させ、監視役をさせられた。逃亡しようとすると見せしめのためのひどいリンチが行われた。

　賃金についても技術や経験による差だけでなく、親方などにピンハネされ、労働者に渡る賃金は日本人の3分の1ほどと推測されている。

　坑内で倒れていても、高熱が出ても医者につれていかない。体調が悪くて寝ていると、冬でもバケツで水を浴びせるなどして現場へ追い込む。栄養失調による死亡者もでていた。

朝鮮人労働者はどのように扱われたか

▪ 崔小岩の証言
<small>チェ ソ アム</small>

　崔小岩は、1919年、朝鮮慶尚南道陝川郡伽倻面伊川里に生まれ、38年、日本に渡ってきた。貧農・子だくさんの家の末っ子で、口減らしのため長兄を頼って日本に来た。全国各地のさまざまな土木作業場で働き、44年10月末ころすすめられて松代に来た。創氏改名により40年から「崔本」と名乗り、のちにより日本風の苗字にしようと、自らは「催本」と名乗っていた。飯場に着いた翌朝、監督にたたき起こされ、「今日1日ぐらい休んで様子を見たい」と言ったら棒で殴られて仕事場に追いやられたという。

　地下壕の掘削では、穴の先端の最も危険な作業は、熟練した朝鮮人が担当した。崔小岩はその1人で、「岩には目がある」と言うほど、工事に精通していた。彼はいわゆる「自主渡航」だが、実態はまさに「強制労働」であった。ベテラン坑夫として働いた崔小岩は「当時のことを話すのは嫌だ」とマスコミなどの取材を嫌っていたが、晩年、中学生や高校生はじめ、松代大本営跡の保存運動に熱心な人たちの思いに応えて、具体的な掘削工事の方法や朝鮮人の労働と生活などについて、誰にでも分け隔てなく訥々と語ってくれた。静かに戦争の罪悪を訴えてきた崔小岩は、1991年3月、故郷に帰ることなく松代で亡くなった。

　以下に、『松代大本営と崔小岩』（松代大本営の保存をすすめる会、平和文化、1991年）に収録された崔小岩の証言の一部を引用する。

・発破の時間じゃないのに発破が鳴ってね。おかしいなあ、「なんでいまごろ発破鳴るんだ」って行ってみたら、みんなで外で騒いでいる。中見たら煙で真っ黒だ。中入ってみたらまあ、4人の姿がひとつもないからね。そいでまあ、全部拾う。まあ骨や肉を。みんなバラバラになっちゃったから、全部集めて……どうも頭が1つねえんだよ首の上が。そんでそのねえからあきらめて、5〜6m出てきたらちょっと山があってね。掘ってみたら真っ赤だ。ちょうど頭そこに入ってた。その毛なんか持ってぐっと持ち上げたら頭だけすぽっと抜けて、取れちゃうんですよ。ええ、人間の頭っていうのはあんなに重いものだったんだね。

・飯場だってみんなすきまだらけで、その、冬でも、雪でも降ったりするとね、すき間からみんな雪入ってきて、その布団の先っちょなんかみんな真っ白になって。そだから夜なんかもう眠られないんです。人間っていうものは足が冷たけりゃあ眠れないんです。その飯場の中の寝泊まりがこれ、いちばんせつなかったですね。だって敷布団がワラです。ワラでもいいのあれ

崔小岩と中学生たち（写真提供：飯島春光）

ばいいけど破けちゃってワラぼろぼろでてきちゃって、部屋だか豚小屋だかわからない。ワラのくずで。掛け布団はあれ、なんていう綿っつうんですか、あれね、2カ月に1回は取り替えてくれるの。それ、1日は持つんだ。けど、2日目なんかみんな玉になっちゃって、お腹掛けるとこなんか布1枚だけ。だからしもやけっていうんですか、あれができて、あれまあ、いちばん飯場の中じゃあせつなかったですね。

- 着てるもの穴あけば全部自分でつぎあててつなぎあわせてね。元のきれいなところがなくなっちゃうの。その上に重ねて縫ってはくから、濡れたものならまるで乾かないの。それで現場出てって働かなきゃなんね。

- 地下足袋が安物で、1カ月に1足ぐらいの配給はあるけど真ん中からポキンと折れてしまう。仕方ないから足にボロ巻いたり、ワラ草履はく。それが切れて足から血が出ても仕事に行かなければならなかった。

- コウリャンって知ってますか。今は豚とか牛のえさでしょう。そのコウリャン7分なら米3分、その上に大豆の豆、それでいくらか味つけるってわけで、大根を細かく切って、ご飯に入れて、おかずは何もない。ただ塩をかけて食べるだけ。ここで、イ地区（引用者駐：松代町清野村の飯場。139棟の飯場に約3500人が住んでいた）の中でもって栄養失調になってフラフラしたり、死んだりした人間は50～60人いたんじゃないですか。それは主に年寄りだけどね。栄養失調にもなるわけですよ。食事ですよ。私は体力あってなんとかやれたけん、まあ、年寄りのような人は、ほとんど栄養失調みたいで…。栄養失調になってくると、ご飯も水も飲めなくなっちゃうんですね。水なんて吐いちゃいますよ。

- 徴用と自主渡航組は全部一緒に寝かすんですよ。そして、お前、この人間逃げたらお前もひどい目にあうぞ、とこうなってくるわけだ。だからみんな警戒しちゃう。みんな見張りみたいになっちゃうわけですよ。

- うっかりすけべえ根性おこして逃げようなんて思ったらえらいことされ

ちゃいますよ。それっこそ、捕まれば、もういっそ殺されるか、かたわになっちゃうか。もう、殴ったり蹴ったり。こんなでかい鉄ん棒、両足へ入れといて両はじへ人間乗る。骨折れる音が聞こえる。そういう状態見せるから逃げられないわけだね。それから1週間も10日もご飯食べさせないから、ものも言わないんですよ。息してるだけ。死んだと同じです。もし逃げたらああいう状態になるからそういう短気起こさない。絶対逃げられないですよ。

当時使用されていたカンテラ（携帯型灯油ランプ。NPO法人松代大本営平和祈念館蔵）

• ものすごい熱でいまに死ぬかって状態になっても、なかなか医者に連れて行かないんですよ。布団でもかぶっていれば布団パーっとめくって、「何でお前、仕事に行かないんだ」って起こすわけだ。片方は具合悪くてどうにもならない、ものもしゃべれない状態になっているわけだ。組頭がこういうわけだと話すと、頭こうやって「いい、いい。こんなもの。バケツに水いっぱい汲んできて頭かけてやれ」くらいのものだ。そりゃ、ほんとうですよ。それで口から泡でも吹いて、こりゃだめだなと思う時はじめて医者にみせるくらいなもんで。その時はもう、手遅れになっていることがありますよ。

　ノンフィクション作家、林えいだいは、1989年、松代を訪れて大勢の証言を聞き取り、それをもとに1992年、『松代地下大本営　証言が明かす朝鮮人強制労働の記録』（明石書店、1992年）を出版している。なかでも崔小岩の聞き取りは46時間に及んだと言い、520ページのうち120ページが「崔小岩のトンネル人生」に費やされていて、「穴くり一筋に生き抜いてきた彼の証言によって、松代地下壕は現代の歴史の中によみがえると私は信じる」と言っているように、崔小岩の実体験と証言は、松代大本営の史実を語り伝える上で欠かせない存在である。

　宋麟永は、韓国忠清南道大徳郡杞城面に生まれ、1926 年、10 代で日本にやってきた「自主渡航」者であった。あちこちの現場で、虐待に次ぐ虐待を受けて逃亡を繰り返し、16 番目にたどりついたのが松代の工事現場だった。岡山の鉄道工事現場で働いていた時、発破をかけているトンネルに無理やり入らされて吹き飛ばされ、鼓膜が破れ片目もつぶれてしまった。宮城県塩釜の軍事工場の現場では、すでに西松組の下請けのようなことをしていて、100 人ほどの同胞を連れて松代に来た。長野県歴史教育者協議会での証言や、児童文学作家和田登の聞き取りで、多くの証言を残している。

　以下、青木孝寿『松代大本営　歴史の証言』、和田登『悲しみの砦』（岩崎書店、1977 年）に収録された宋麟永の証言の一部を引用する。

・土の上に板敷いてうすっぺらなござに寝る。天井は板なんか張ってなくてトントン葺きの板だね。若い者は寒くてウンウンうなっていた。回りはじめじめして、もともと畑だけあってその上に建っているから雨降ればどろんこで歩けない。みじめなもんですよ。

・病気しても、ろくに医者にかけてくれないのです。あれは敗戦まぢかの 7月でした。20 歳の青年が、かかとを事故のため石でけずりとられたことがありました。青年は現場に放置されて足の傷が腐ってウジがわいてもそのままにされていました。あんまりひどいので、医者にみせてやってほしいと、わしらが上の者にたのんだが、相手にされませんでした。青年は苦しみ通して死にました。

・松代では、くさい外米やコウリャン、雑穀ばかり食べさせられ、腹が減ってふらふらするのをむりやり 5 時に起床させられ、穴に連れて行かれたっきり、夜の 6 時ごろまで重労働についた。

・あのメシときたら、今じゃイヌでも食べるかしら。イヌも食べません。

・私たち昔から来ていた人たちは割合自由はあったけど、朝鮮からその当時どんどん無理矢理引っ張ってきた人間には自由というものが全然ない。履き物もくれないし、ズボンや作業衣もくれないから、朝鮮のパッチというふらふらする幅の広いやつ、あれは仕事しにくい。あれを着たままのもう汚れに汚れたやつを。そういうアホみたいな格好して、足袋もなしで仕事やるんですね。

・（朝鮮人労働者たちは）腹は減るし仕事はきついしするから、スキがあれば逃げよう逃げようと思って、仮に 1 里向こうへ行ってふんづかまっても、

そういう気持ち、とにかく逃げるだけ逃げてみようという気持ちはみな
持っておりました。

　宋はその後松代町に住み、日本名清水経晴と名乗って焼き肉屋を営んでいた
が、1983年に73歳で亡くなった。和田登が最後に聞き取りをしたときには、
すでに左目を失明し、耳もほんのわずかしか聞こえなくなっていて、筆談で聞
き取りをした。

　朝鮮人労働者についての、強制連行・強制労働に関して、強制であったかど
うかという「連れてこられ方」を問題にして労働実態・生活実態を直視しない
傾向がある。しかし、いわゆる「自主渡航」労働者であった崔小岩や宋麟永の
体験はまさに強制労働であったことを裏付けている。宋麟永と同様、崔小岩も、
徴用で来た人たちの扱いはさらに一段と厳しかったと言っている。
　松代町内にいた工事の関係者は1991年、崔小岩が亡くなって今は1人もい
ない。

■ 梅田利（日本人）の証言
　2008年8月9日、『中日新聞』の子ども向けに戦争体験を語る記事に、福
井県美浜町、梅田利（当時80歳）の、「戦争末期、長野県の山奥で行われた松
代大本営の工事に携わった」との記事が載った。梅田利は西松組梅田班班長の
長男で18歳から19歳にかけて松代の象山で働いていたことがわかった。松
代に来る前は、一家で岩手で働いていたが、1944年秋、日本人20人、朝鮮
人80人の総勢100人で松代に来て、象山の4番壕の掘削をした。
　新聞には、「地下壕造り　事故見ても恐怖感麻痺」の見出しで、「イ地区象山
のトンネルを掘っていた」、「爆弾を使う発破地点がうまく伝わらなかったため
に死者が出て、大勢が負傷。知り合いも片足が吹っ飛ぶけがをしたが、事故は
日常的だったので恐怖感はまひしていた」、「働いていた9割近くは朝鮮人だっ
たと思う」、「寝るときはズラーっと横一列になって細長い1つの枕（木）を使
い、朝になると仕切り役の日本人がトンカチで枕の端を何度も叩いて全員を起
こす。今思うと異様だった」などのことが書かれている。
　新聞記事を機に、梅田利を訪ね、利も何度か松代に来て、行き来を重ね、当
時の様子を知ることができた。朝鮮人についての聞き取りでは「かわいそうに」
を連発しながら、以下のようなことを語った。

・朝鮮人坑夫は品物のように扱われて、かわいそうだった。組の労務係が親

71

方衆を集め、朝鮮人を何人欲しいか聞き、その人数を品物を分配するように振り分ける。それを班の「帳付け」（経理係。朝鮮人が担当）が引き連れてくる。

- イ地区では学生は使っていない。手が欲しければ朝鮮人をもらってくればいい。

- かわいそうに、日本に行けばいいことがあるかのように騙されて連れてこられたのだろう。会社の人は軍と一緒に行って連れてきているのだからどこから何人連れてきたかわかっていたと思うが、自分たちは全くわからない。

- 途中で逃亡する者もいたようだが、逃げることができるのは、逃げても他に働き口をみつけられるだけの日本語のできる者。片言の日本語を話せる朝鮮人は大勢いた。

- 当時松代の地下壕掘りでは、日本人なら腕の善し悪しに関係なく「世話やき」として１円20銭、朝鮮人は40銭の支給だった。かわいそうに、朝鮮人を全く人間扱いしないでこき使う親方が多くて、見ていてもよくわかったし、そういう噂も行き渡るらしく、逃亡もあり、割り当て要請の半分くらいしかいない班もあった。壕内での事故で死んだ者も多い。

朝鮮人労働者の犠牲者

劣悪な労働環境のなかで、爆発・崩落などの事故や病気、栄養失調などで亡くなった朝鮮人労働者もいたが、どのくらいの犠牲者（死者）が出たかは、正確にはわからない。現在名前のわかっている死者は、1945年４月、舞鶴山地下壕の事故で亡くなった、朴道三・杉本徳夫（趙徳秀）・金快述、象山地下壕工事中の病気で入院していて亡くなった日本名中野次郎の４人だけである。

朴道三・杉本徳夫（趙徳秀）・金快述の３人の事故について、同じ飯場で働いていた、前述の姜永漢（本書64頁参照）が、和田登のインタビューに答えているので、内容を要約する。

姜は1918年慶尚北道生まれ。戦争が始まる少し前に日本に来た。松代に来たのは44年12月の終わりころ。ロ地区の杉本飯場に入った（筆者註：飯場頭は杉本徳夫、実名は趙徳秀）。

1945年の２月ころ、大勢の朝鮮人が連れてこられた。マイナス20度くらいの寒さの中、白い朝鮮服だけの着のみ着のまま、オーバーも帽子もなく、手ぬぐいで頬かむりをして、履物はチプシンという藁で作った靴のようなものを履いていた。その人たちと戦争が終わるまで一緒だった。

　6月のある日、発破の飛び石で大ケガをしてしまった。地下足袋を脱いでみると指が折れてプラプラしていて、白い骨まで見えて、皮だけでやっとくっついている感じだった。病院に運ばれ、医者は切ってしまった方がいいと言ったが無理やり頼んで、指は切らずに入院した。病院にいると削岩機の不具合を確かめようと手を突っ込んだ時に動き出して、手首の付け根から取れてしまった人など、ケガをして運び込まれる人が大勢いた。

　そんな時に同じ飯場で大事故が起きて、親方の趙と、強制連行されてきていた朴道三、金快述の3人が病院に運びこまれてきた。夜の仕事で、奥で3人は点火の段取りをしていた。導火線に1度に何10個も火をつけて退避しなければいけないのだが、急いだせいか途中でカンテラの火が消えてしまって、全部に点火しないうちに先に火をつけたものが爆発してしまったのだった。趙親分は即死、朴は頭を割られて脳が飛び出していた。金は飛び石にやられて全身蜂の巣のように小石が突き刺さっていた。運び込まれたときは意識はあったが2〜3日後に亡くなった。

　原山茂夫らは、1992年、朴道三の遺族を韓国に訪ねている。

　象山地下壕の工事に従事していた日本名中野次郎は、入院先の日赤病院で亡くなった。地下壕のすぐ近くの恵明寺に葬られていたが、本名や出身地もわからなくなっていた。2005年、韓国の共同墓地「望郷の丘」に移送され、恵明寺の墓地には、「中野次郎の碑」が建てられ、そのいきさつも書かれている。

　全体での死者は10数人という説から500人、600人とする説まで諸説があり、大きな幅がある。東部軍長野施設隊が、敗戦直後、軍の重要書類を焼却してしまっているためだが、そもそも軍の幹部は死者の数を記録していたかどうかもわからない。犠牲者についての詳細がわからない背景には、企業や軍部が朝鮮人の死を人間の死として捉えていなかったという実態がある。また、工事を請け負った西松組や鹿島組も公表はしていないし、記録があるのかどうかも明らかではない。

　青木孝寿『松代大本営　歴史の証言』の中には、朝鮮人犠牲者について聞き取った、何人かの証言を挙げている。そのいくつかを紹介する。

中野次郎の碑（撮影：北原高子）

「このイ地区（引用者駐：松代町清野村の飯場）でも相当病気で死んだりケガで死んだ者がおりますが、いつの間にどうして葬式したかそれが全然わからない。大体どこへ持ってって埋めたのか。まるきりこれは人間に対してかわいそうと、自分の飼い犬が死んでもかわいそうだという気持ちがあってこうするのに、自分が使った人間が死んでもかわいそうという気持ちがないんですね。この親方たちは」（宋麟永）

　「朝鮮の人間死ねば、ああ、あれ死んだのかくらいのもので、犬死んだな、くらいのもんだね。トラックへ乗っけて持って行くのみんな見てるというんだけど、結局どこへ持っていったかわからない」（崔小岩）

　「『ああ死んだのは朝鮮人か』というくらいで片づけられた。犠牲者は、けが人は１日おき位に毎日１人、２人はあった。それもトロ押し人夫にたくさんあり、死亡者は私の知るところでは、20名くらいではなかろうかと思う。たくさんの事故があると組の方から受け持ち班の班長に忠告苦言があるので報告しないで独自処理したものもあったように思われる」（西松組の作業現場で地下壕の掘削状況を計測して日報に記す仕事をしていた西村武重）

　松代の寺院などでは、「住職が葬式に呼ばれたことがあるようだ」というような伝聞の話はあるが、実際にその場に立ち会った人の証言は、松代町御安町の龍泉寺住職、金井智見から、児童文学作家の和田登が聞き取ったものだけである。金井智見は、葬式に25、6回は行ったと言い、「あのころ私は、勤報隊員として作業にかりだされ、千曲川から土砂を運搬する仕事をつづけていました。そのいそがしいなかを葬式だと言われては呼ばれて、虫歌沖の飯場へ足しげく通いました。飯場は不衛生で、ノミやシラミがずいぶんいました。そんな小屋のムシロに仏は寝かされておりました。栄養失調で斃れた者、病気で死んだ者、いろいろでしたが、ケガで亡くなった者より病気の者のほうが多かったように思います」「遺体は金井山の火葬場で焼いたのも少しはありましたが、だいたい現場で火葬にしました」「現場というのは虫歌観音の丘に、今はもうありませんが、焼き場があったのです」「そこでお骨にしたものを、飯場には置かないで、みんな私のところであずかり、供養いたしました。そしてみなさん、帰国する時にそれぞれ持って帰られました」と述べている（和田登『悲しみの砦』）。

　梅田班班長の長男、梅田利は、「発破をかける時間はおおむね決まってい

が、崩れにくい岩には『あたり発破』と言って随時発破をかける。そのつど伝えられるが、壕は縦横につながっているので偶然通りかかることもいくらでもあり、事故に巻き込まれる例は少なくなかった。死者もたくさん出た。異郷の地で死んでしまうのは本当にかわいそうだった。死者が出たときには父（親方）は、なにがしかのお金をつつみ、頭（かしら）に預けてお寺で葬式をしてもらっていた。扱う人が決まっていたので仲間はタッチしない。これも親方によって違ったと思う」と言っている。

　死には至らずとも、事故で怪我をした人々は無数にいると思われる。崔小岩は、工事中に制裁のため殴打された腰の痛みと塵肺に晩年までずっと苦しんでいた。本人は語らなかったが、トロッコからの落石で足の指は潰れていた、と親しかった住職が語っている。

「国体の護持」と松代大本営

　1945年1月長野師管区が新設され、4月には長野地区憲兵隊が創設された。憲兵隊の主たる任務は朝鮮人労働者の取り締まりと大本営工事の機密防衛で、2人の朝鮮人憲兵補を松代に潜入させ情報収集したと憲兵隊長が証言している（信濃毎日新聞社編集局『信州昭和史の空白』信濃毎日新聞社、1993年）。

　6月には重要人物が次々に松代に視察に訪れている。

　6月16日象山地下壕を視察した阿南陸軍大臣は6月21日、本土決戦の時間稼ぎの持久戦を強いられ、ついに最後の戦いを余儀なくされていた沖縄守備軍の牛島司令官に「貴軍の奮闘により今や本土決戦の準備は完整せり」との訣別電報を打った（八原博通『沖縄決戦　高級参謀の手記』読売新聞社、1972年）。それを受け取った牛島司令官と長参謀長は6月23日未明自決（6月22日説もある）、沖縄の組織的戦いは終わる。

　前述の「賢所」の建設は、沖縄戦が敗北し、敗戦も間近い7月末である。本土防衛・本土決戦の最終目的は、国体護持・天皇制を守ることにあったと言えよう。

朝鮮人労働者の帰国

　敗戦と同時に工事は中止され、関係文書いっさいの焼却が命令され、おびただしい量の焼却が行われた。朝鮮人の不満や混乱を恐れ、取締当局は朝鮮人労働者の作業班長を集めて治安対策を講じている。仕事を失った朝鮮人には1日1円20銭で地下壕整理の作業に就労させた。9月末から10月には飯場、倉庫、見張り所等の保管転換・払い下げ、建設資材の払い下げなどが行われ、施設隊本部は解散し関係者は帰郷していった。

朝鮮人の帰国について、以下のような証言が残されている。

- 矢野享（西松組作業隊長）——官庁に頼んでも一向ラチがあかないので、西松組の職員を新潟・下関・博多などへやり、ヤミ船まで手配し、1人あたり250円を帰国支度金として渡したからトラブルは起こらなかった。約100人ぐらいは帰国を望まなかった。（前掲『昭和史の天皇3』）
- 村井平一郎（副隊長）——ヤミ船を手配したり、250円支給したことはなく、1人あたり旅費として5円を渡した。（朴慶植聞き取り。和田登『図録 松代大本営』）
- 吉田栄一（工事主任）——長野鉄道管理局に交渉して列車の配車を受け、ほとんど全員無事帰国させることができた。（前掲「松代大本営工事回顧」）
- 佐藤文雄（松代郵便局勤務）——1945年9月から興安丸、福寿丸という輸送船で、山口県仙崎港・福岡県博多港等から帰国したが、それは4割位で、そのほかは日本に残ったり、秘密のルートで帰国した者もある。ヤミ船での帰国のためすぐに現金が必要となった数十人の朝鮮人が郵便貯金・簡易保険の即時解約を求めて郵便局に押しかけた。1週間かかる解約手続きを異例の取り計らいで解決した。（「朝鮮労働者の帰還秘話」長野市立松代公民館・松代海津大学園『松代庶民の歴史』〈私家版、1948年〉第3集所収）
- 和田登（児童文学作家）——朝鮮人労働者の帰国は、敗戦直後のものと、1959～60年代にかけてのものと2波があった。強制連行組はできるだけ早く帰す方針で、特別に残留を望む者を除き、ほとんどが敗戦の年の11月ころから翌年2月頃までに帰国した。残留者はイ地区飯場に100人くらいは残っていたようだ。生活は貧困を極め、徐々に人数は減り、1959年には、82人。うち54人が生活保護を受け、全員帰国を希望していた。日朝協会県支部、朝鮮総連県支部は朝鮮総連県本部と連携し、革新政党、諸団体、日赤などが協力して行政を動かす帰国運動を展開し、1959年12月14日の第1回帰還のための歓送以来、長野駅から100回を超す朝鮮人歓送が行われた。（和田登『図録 松代大本営』）

また、朝鮮人の帰国に関して以下のような文書記録が残されている。

- 「厚生省名簿」
西松組は、官斡旋の雇い入れは248人だったところ、帰国者は99人、死者2人、逃亡107人とし、「自由移入」は2192人の雇い入れが帰国者は2131人、死亡2人、逃亡37人としている。鹿島組は、「自由移入」のみ、雇い入れも

帰国者も 78 人で名簿もついている。

■ 長野市松代支所文書

　1945 年 11 月 5 日付埴科地方事務所長より各町村長宛「内地在住朝鮮人帰鮮ニ関スル件」の中の、清野村（イ地区飯場のあった村）の「集団移入労務者」欄に「「既ニ帰鮮セル者」男 557 人、女 150 人、計 707 人、「帰鮮ヲ希望スル者」男 1000 人、女 743 人、計 1743 人、合計 2450 人」とある。

■ 『長野県警察史』(1958 年)

　「大本営工事に集結していた労務者、特に朝鮮人は、朝鮮万才を唱え、誇らしげに町内をぶらつきおどすもの、失職のため酒を飲んでけんかをするものなど、日増しに多く混乱が予想されたので、班長を集めての治安対策、西松組に対する朝鮮人早期送還策を講じ、毎日点呼をとり、整理に働かせる者は 1 日 1 円 20 銭、就労しない者は 80 銭を支給した。」

　さらに近年、朝鮮人の帰国に関する以下のような資料が明らかになった。

■ 「帰鮮関係編纂」(帰国予定者名簿)

　「帰鮮関係編纂」コピーは 196 頁に及ぶ膨大な物で、初めの 1 〜 2 頁は「集団朝鮮人帰鮮輸送計画資料　長野県（長野管理部関係）」とあり、県内 29 の事業所について、「就労事業場名」「同上責任者名」「作業別」「帰鮮者数」「乗車駅」「輸送責任者」「備考」が記された一覧表である（本書 28 頁参照）。

　1945 年 9 月作成の長野県警察部の文書とみられ、長野県内の朝鮮人強制労働の現場とそこからの集団帰国の状況が記されており、松代大本営工事に関わる現場、「松代町西松組出張所」「運輸省松代建設隊須坂作業所」「東部軍鹿島組松代作業所」については個人名（創氏改名による日本名）、出身地などが書かれていて、その総数は

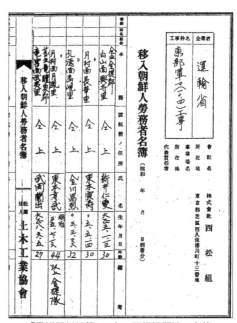

「帰鮮関係編纂」の中の西松組関連の名簿

2600 余人になる。

　このうち、「鹿島組松代作業所」については、「厚生省名簿」に記されている名前・人数共に同じである。「西松組松代出張所」に関しては「厚生省名簿」には人数のみの記載で名前はないが、人数はほぼ同じである。作成された時期も同じなので、「帰鮮関係編纂」が、厚生省の調査の基になったのではと推測される。ただし「運輸省松代建設隊須坂作業所」については、「厚生省名簿」には事業所名も名簿もない。

　「帰鮮関係編纂」の「備考」には「作業中止ニヨリ食料其ノ他治安上憂慮ス

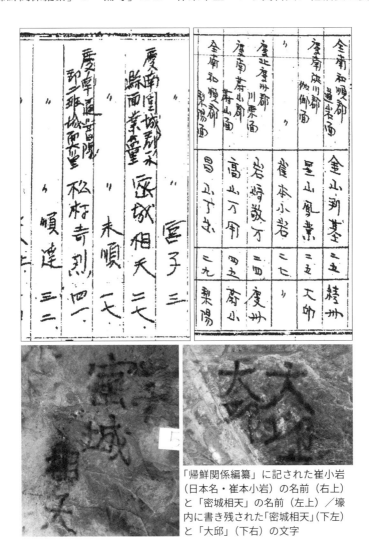

「帰鮮関係編纂」に記された崔小岩（日本名・崔本小岩）の名前（右上）と「密城相天」の名前（左上）／壕内に書き残された「密城相天」（下左）と「大邱」（下右）の文字

ベキモノ」とあり、動員の理不尽に加え、帰国も厄介者あつかい。工事中止直後、朝鮮人労働者の怒りの爆発を恐れて西松組の幹部たちが一時身を隠したと言われていることと重なる。名簿には、帰国していない崔小岩（日本名崔本小岩）の名もあった。

壕内に書き残されている「密城相天」の文字は、その右側に「大邱」という韓国の地名が書き残されていることから「密城」も地名であろうと長年思われていたが、名簿に「密城相天27歳」とあり、人名であることがわかった。

松代大本営関連工事に動員された慶尚道出身の単身者と世帯主の郡別の人数

奉化 5
栄州 3
醴泉 44　　英陽 1
聞慶 12　　安東 16
尚州 15　　青松 4　　盈徳 5
義城 19
軍威 46
金泉 14　　慶尚北道
善山 12
漆谷 2　　永川 9　　迎日 18
星州 4　　大邱 24
慶山 5　　慶州 29
高霊 10　　達城 16
居昌 20　　清道 3
陜川 40　　昌寧 78　　密陽 42　　蔚山 17
咸陽 19
山清 16　　宜寧 10　　慶尚南道
梁山 5
晋陽 27　　咸安 30　　金海 8　　東莱 5
晋州 7　　昌原 12　　釜山 15
馬山 2
河東 7　　泗川 11
固城 15
南海 21　　統営 14

（出典：「集団朝鮮人帰鮮輸送計画資料　長野県（長野管理部関係）」の名簿を元に作成した）

松代関連の名簿を出身地別に整理すると、慶尚南道と慶尚北道の出身者が、1700人を超え、全体の70％以上をしめている。年齢別では、20歳代が800人ほどで最も多く、33％を占めるが、10歳以下も600人ほどおり、60歳以上も40人ほどいて、80代も2人いる。

単身者と世帯主の出身郡別人数を地図に落とすと上の図のようになる。

人数は、南部の慶尚南道と慶尚北道が特に多い。慶尚南道では昌寧郡に集中している。

名簿の判明により、当時の労働者の家族に巡り会えるのではとの期待が膨らんだ。

この名簿をもとに信濃毎日新聞社の記者が現地に赴き、特に大勢の出身者のいる地域を調査してまわり、15人の関係者が見つかり、8人と面談すること

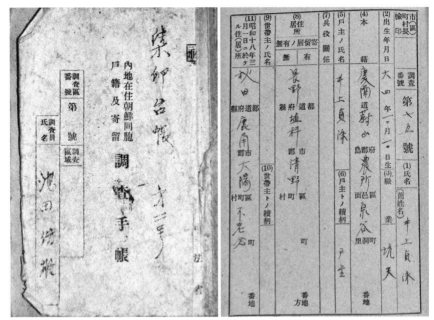

内地在住朝鮮同胞戸籍及寄留調査手帳

がができた。先の密城相天の存在も明らかになったが、すでに他界していた。

　韓国での調査の内容は、『信濃毎日新聞』に「記憶を拓く」として連載され、2020年11月、「平和・協同ジャーナリスト基金賞大賞」を受賞し、その後、単行本となって出版されている。

　2018年9月には、当時長野市松代町清野村（イ地区飯場のあった所）に住んでいた朝鮮人の戸籍情報を記した手帳「内地在住朝鮮同胞戸籍及寄留調査手帳」が6冊見つかった。

　調査は1945年2月、当時の日本の司法省が朝鮮人の徴兵に向けて実施したものとみられ、手帳には計166人の創氏改名後の日本名と生年月日、職業、本籍、1945年の住所が書かれている他、43年3月までの住所の記入欄があり、職業欄には「坑夫」、「進鑿夫」、「斧指夫」など、壕の掘削に関係する職業が記されている人もいる。43年3月の住所欄には鉱山のあった秋田県や、長野県上伊那郡の住所等もあり、松代の工事に携わった専門技術を持つ労働者の一部であろうと思われる。

　この名簿と前述の「帰鮮関係編纂」の両方に名前の載っている人が2家族、10人、単身者1名が確認された。

犠牲者を悼む地域の人々

　1965年、群発地震におびえていた松代では、「この地震は戦時中大本営の壕を作るときに大変な犠牲者が出たのに、慰霊祭をしていないたたりではないか、名も知らぬ半島人(ママ)も亡くなっているらしい。町をあげて慰霊祭をしてはどうか」という趣旨の、一町民から町長に寄せられた手紙が残っている（和田『図録 松代大本営』より）。また、舞鶴山地下壕に近い清水寺には、1984年に建てられた観音像がある。碑文には「昭和十九年十一月この地において、第二次世界大戦末期本土決戦のための大本営地下建設工事で尊い人命を犠牲にし、その完成を見ずして終戦を迎えるに至った。以来今日迄四十年の永きに亘りこれら殉難者の方々の回向も省みられず時を移して来たが、このたび犠牲者一同を偲びその冥福を祈ると共に人

清水寺の観音像（撮影：北原高子）

類恒久の平和を希求し、永遠に供養せんがため、ここに観音像を建立した次第である。合掌　昭和五十九年十一月」と記されている。

　地域住民の中には、当時は口にしなかったものの、工事を見聞きし、犠牲者に心痛め、人間扱いされなかった朝鮮人労働者に心寄せる人がいたことがうかがえる。

　前述の崔小岩は「催本小岩」の名でこの清水寺に眠っている。

松代で働いていた朝鮮人労働者が戦後語った平和への思い

▪趙仁済

　朝鮮の独立運動家の1人で、西松組の労務係であった趙仁済は筋金入りの活動家で、大阪で治安維持法でつかまって大変な拷問をうけたこともあり、松代に来てからも要注意人物として警察にマークされていた。長野地区憲兵隊が最も恐れていたのは、朝鮮人労働者の反乱で、前述のように、朝鮮人の憲兵補2人をスパイとして送り込んでいた。思想犯保護観察所嘱託であった、象山ふ

朝鮮民主主義人民共和国に帰った人たち

　「帰鮮関係編纂」に見るように、朝鮮人労働者の多くは、1945 年 11 月頃から翌 46 年 2 月頃までの間に帰国しているが、松代町清野のイ地区飯場などには相当数の朝鮮人が残留し、その生活は貧窮を極めていた。全国にも残留していた朝鮮人が大勢いた。

　1950 年代後半、全国的にこうした人々の帰国を後押しする運動が盛んになり、長野県では日朝協会長野県支部が朝鮮総連事本部、日本赤十字社、革新政党などと協力し、行政をも動かす運動となり、59 年 12 月 14 日の第 1 回帰還以来、長野駅から 100 回を超す朝鮮人歓送が行われ 1000 人近い人々が帰国していった。長野駅前広場には、帰国者がタマイブキを植え（今はない）、「日朝親善」「恒久平和」「友愛」と書かれた記念碑が残されている。

長野駅前広場の「日朝親善」の碑

　新聞『日本と朝鮮』（長野県版）に毎回の帰国者名が日本名ではなく本名で載っていて、その中には戦後松代に住んでいて地域の人とも交流のあった人の名前もある。

　家族とともに帰国する予定であったが帰国列車から飛び降り、一人日本に残り、当時のことを調査し、多くの証言を残した人の家族の名前もあった。1960 年 7 月 25 日号には、「松代から帰った人々」の写真や、帰国した人からの便りなどが載っている。その中には、長野工業高校 2 年生のときに帰国していったと思われる人や、戦後、マスコミ等の取材に何回も証言をした人などがいる。また、「小学校のとき同級生が帰国する時のお別れ会で、『朝鮮少年団の歌』を歌って帰っていった」という証言があり、彼の父親の名もこの新聞から判明した。

　同時期、大町市を中心に北安曇郡内に居住していた 600 人ほどの朝鮮人も帰国していった。

長野県山岳総合セン
ター・山岳博物館のある
桜の名所、大町公園の一
角に、「日本の友よ　山河
よ　さようなら　さくらの
花よ　永遠に咲け」と記
し、その下にハングルの
文も刻まれた碑が建って
いる。

1960年3月10日の建
立で、碑の裏側には「日
本と朝鮮の両人民の永遠
の平和と親善友好を深め
るため櫻の木壹百本を残
し記念したものである」
とある。長野駅前のタマ
イブキや碑と同様、朝鮮
の人々の恩讐を超えた広
い心が偲ばれる。残念な

『日本と朝鮮』1960年7月25日号

がら別れに臨み植えていったという100本の桜はすでになく、今はその2世が数
本残っているだけである。

　これらの人々が帰国した時期は、すでに祖国は朝鮮戦争によって分断されてい
た時期で、帰国先は朝鮮民主主義人民共和国であった。

　帰国直後には交流があったという人もいるが、その後の音信は途絶えたままで
ある。

大町市・大町公園に建つ「わかれの桜」の碑

もとの恵明寺の住職も趙をいつも監視していた節があったという。

　趙はイ地区（象山）、ロ地区（舞鶴山）、ハ地区（皆神山）の労務係に親睦をはかるという口実で呼びかけ、集まった12人で「イロハ協会」を作った。労働者の待遇改善を要求しようとした。しかし監視があまりに厳しく、建設隊長への申し入れは1度しかできなかったという。敗戦の年になると、近隣の家に居るのは年寄りと女子どもばかりになっていた。そこで、趙はトンネルの坑木に使った秋田杉の切れ端をマキにし、働き手のない家に運ばせた。マキを持って行って割ってやれば年寄りは助かり、お茶とかご飯などのお礼をもらうことができて、空腹に苦しんでいる労働者のひもじさが少しでもやわらぐのではと考えたという。

　敗戦直後は、朝鮮人労働者の怒りの爆発を恐れて、西松組の幹部たちが一時身を隠したと言われている。また村民たちも「外に出ると朝鮮人に殺される」と噂された。趙は「そんなことはありませんよ。あんたたちも私らもいっしょに戦争でいじめられたんだから……。私ら、無字無学だって、そんな無法なことやりません」。また、ラジオの前で頭をたれて泣いている村人には、「やめなさい。自分の息子、殺された。自分の亭主、殺された。それなのに、何をしてるんですか。朝鮮人は絶対、無謀なことはしません。心配要りません」と8日間くらいそう言って歩いて、ようやく村民は出て歩くようになった（信濃毎日新聞社編集局『信州昭和史の空白』）。趙は故国へは帰らず日本で暮らし、妻の実家である、象山地下壕横の恵明寺に豊子夫人と共に眠っている。

▪ 崔小岩

　「当時のことを話すのは嫌だ」となかなか口を開いてくれなかった崔小岩が、晩年は子どもたちにたくさん体験を語ってくれた。そのたどたどしい日本語の中に、いつも平和への願いがこもっていた。

　「戦争なけりゃあこんなことなかった。思えば、戦争だけは本当にまあ、やってもらいたくない。ただ1つ、皆さんを前に言いたいのは、朝鮮人にしろ、日本人にしろ、アメリカ人にしろ、ただ顔かたち、言葉、それだけでみんな変わらないんですよ。ただもう少しね、考えてくれればよかったと。これはずうっと考えていたね。ずうっと」

　「これからもう、戦争だけは絶対やってもらってはいけねえと、みなさん、若い青年たち、がんばってやってもらってですね。いま、戦争起こしたら昔よりもっとひどい。まあ、食べ物よりも、へえもう、人間なくなっちゃうじだいですね。もともとは戦争だからね。戦争なけりゃあこんなことなかったって思えば、戦争だけは本当にまあ、やってもらいたくない。自分も子ども4人い

column 『悲しみの砦』から『キムの十字架』へ

　極秘に進められた松代大本営工事の実相が公にされたのは、「謎は解けた松代の横穴」との見出しで報じられた『信濃毎日新聞』の記事（1945 年 10 月 26 日付）だった。続いて『アサヒグラフ』（同年 12 月 15 日号）は「日本一無用の長物」と報じ、51 年にはＮＨＫが録音構成で「幻の大本営」を報じた。

　そして市民の目でいち早く松代大本営に着目し、掘り起こし、児童文学の視点で調査を始めたのは、児童文学作家の和田登である。

　1956 年、和田は大学生の時、児童文学の同人誌『とうげの旗』を創刊し、そこに作品を発表していたが、朴 慶植・朝鮮大学校教授の『朝鮮人強制連行の記録』（未来社、1965 年）を手にし、「機密防止のため数百名の同胞を虐殺したという松代大本営工事」という見出しに注目した。

　自分の生まれた村から 6 〜 7 ㎞のところで起きたことが書かれていることに強い衝撃を受け、子どものころに工事の発破音を聞いた記憶も蘇り、書きたいことが目の前にあった喜びとともに、松代大本営工事のことを書こうと決心する。そして精力的に調査をはじめ、1971 年から『とうげの旗』にノンフィクション「悲しみの砦」を連載し、77 年には単行本で出版した。巻頭で「この暗い洞窟の砦は、全長 13 キロ余に及ぶという。これは、私の少年時代に築かれた狂おしく悲しい巨大な戦争の遺産である。私は語りたい。この砦が、おびただしい数の人々の労働の、むなしい結晶であることを。そしてまた、強制労働をしいられた多数の朝鮮人犠牲者たちの霊のただよう場所であることを」と述べている。『悲しみの砦』は同名の歌にもなり、多くの人に松代大本営を知らしめるとともに松代大本営の研究に大きな刺激を与えた。

　さらに和田登は 1983 年には『悲しみの砦』の素材をもとに、フィクション『キムの十字架』を著し、単行本として出版した。この時も和田は巻頭で「この題材を再びあつかう決心をしたとき、私には、あの、虐げられた朝鮮の人たちの側に身をおくことによって、いままで見えなかったものがより鮮明に見えてくるのではないかという考えがありました。キム兄弟を中心に描いたのもそんな理由によるものです」と書いていて、虐げられた人々の側に身を置く姿勢が貫かれている。

　1990 年には、『キムの十字架』はアニメ映画化され、ビデオにもなっていて、ビデオを鑑賞して松代の地下壕を訪れる児童・生徒も多い。

　『悲しみの砦』、『キムの十字架』は、感性に語りかけ、朝鮮人強制動員の歴史を学び、考え、松代大本営の史実を学ぶことにつながる文学作品である。『キムの十字架』は何度も再版され、2022 年には新装版が出版されている。

　なお、和田登は、1987 年、松代大本営に関する調査研究を『図録 松代大本営』にもまとめている。

るんだが、もし戦争にでもなったっていえば、またみんな鉄砲持ってねえ、死にに行くくらいの、またせつない思いしなくちゃいけないんですから。だから戦争だけは。どうぞみなさん、研究しながら、よくがんばってもらって」

「あんた方、本当にそんなことあったのかなと思うかもしれないけれど、まちがってもそんなことあっちゃ困るけど、またこういうことがないとは限らないからね。あれば、私くらいの年になったとき、ああ、あのとき、あのおじいさん言ったの、本当だったなって思うかもしれないし」（松代大本営の保存をすすめる会『松代大本営と崔小岩』）

私たちは、彼らの思いを重くうけとめていかねばなるまい。

松代大本営に関する韓国の調査

2004年、韓国では「日帝強占下強制動員被害者真相糾明に関する特別法」が施行され、国家プロジェクトとして真相究明に取り組み、11年、「対日抗争期強制動員被害調査及び国外強制動員犠牲者等支援委員会」から「日本地域の地下壕に関する真相調査 松代大本営地下壕を中心にして」との報告書が出された。この報告書は主として文献調査に基づくものであった。

2018年、「帰鮮関係編纂」などにより松代大本営工事に関わった朝鮮人労働者の名簿が判明したことを受け、11年の報告書作成の責任者であった高麗大学韓国史研究所教授曹健ほか2名が、19年、松代に調査に来た。名簿の内容説明他、松代大本営の調査や研究、全体像等を詳しく聞き、現地地下壕や遺構などを見学して帰り、まもなく報告書が刊行された。

保存と活用の課題

地下壕の案内をしていて朝鮮人労働者についてのことに話が及ぶと、強制連行・強制労働なんてなかったと主張する人もいる。収入を得るためにすすんで来た朝鮮人や、朝鮮人と住民とのあいだの交流の存在をあげて、「かならずしも強制ではない」とする声もある。貧しい食糧事情は日本人もその頃はみんな同じだとか、近年問題になっている徴用工の問題についても、日本人も皆徴用された、もう解決済みだ、という人もいる。しかし、現象のある一部分を見て、強制性が否定されたり、都合の良いように薄めてしまうことは、大きな民族差別、植民地政策などを見落とし、過ちを繰り返すことになろう。

松代では2013年、象山地下壕入口に、長野市が設置していた説明板の文言の一部「当時の住民及び朝鮮人の人々が労働者として強制的に動員され」の中の「強制的に」の部分に、説明板の記述者である長野市観光振興課の担当者が

白いガムテープを貼って覆い隠す、ということが起き、全国的に知れ渡った。「すべてが強制的ではなかった」という意見が寄せられたからという理由であった。市民団体からは「連れてこられた形態に関わらず、労働実態はすべて強制的であった」という見解が表明され、さまざまな議論や抗議活動が展開された。結局14年11月に説明板は書きかえられて、「労働者として多くの朝鮮や日本の人々が強制的に動員されたと言われています。なお、このことについては、当時の関係資料が残されていないこともあり、必ずしも全てが強制的ではなかったなど、さまざまな見解があります」とされた。そして説明版の後半に「平和な世界を後世に語り継ぐ上での貴重な戦争遺跡として、多くの方々にこの存在を知っていただくため公開しています」という文が書き加えられた。

　松代大本営象山地下壕は、行政が地下壕の保存に多額の維持費をかけ、安全対策を施し、無料で一般公開をしている、全国にもまれに見る対応であることは評価できる。しかし、全国では、外国人の強制動員・強制労働の事実を記した碑文等について、内容の書き換えや撤去を迫る動きが後を絶たない。

　松代大本営の史実を伝えるには、朝鮮人の強制動員は避けて通れない問題である。

　戦争遺跡の保存と活用に際しては、史実に基づいて語り伝えられるよう、歴史が捻じ曲げられないよう、常に注意して見守っていく必要がある。

---

(1) 皇国臣民としての自覚を促すべく朝鮮総督府学務局嘱託の李覚鐘が考案し、当時の朝鮮総督南次郎が決裁したものとされる。「皇国臣民の誓詞」一、我等は、皇国臣民なり、忠誠以て君国に報ぜむ。一、我等皇国臣民は、互に、信愛協力し以て団結を固くせむ。一、我等皇国臣民は、忍苦鍛錬、力を養ひ、以て皇道を宣揚せむ。

(2) 1941年11月公布の「国民勤労報国協力令」にもとづき、従来任意に存在した勤労奉仕隊を義務付けたもので、14歳以上40歳未満の男子と14歳以上25歳未満の独身女性を対象として編成され、軍需工場、鉱山、農家などにおける無償労働に動員された。

長野飛行場

（朝鮮人）

松代への大本営移転に伴う飛行場の誘導路拡張工事

軍用に拡張された長野飛行場

　アジア太平洋戦争の末期、東京にあった大本営を安全な場所に移転しようとの計画がもちあがり、井田正孝少佐が「信州あたりに適地を」探すよう命じられた際、「近くに飛行場があること」が条件の1つであった（本書52頁参照）。

　大本営の移転先とされた長野市松代の北方、およそ9kmの上水内郡大豆島村大豆島（現長野市）には、運輸通信省所属の「長野飛行場」があった。

　この飛行場は、1939年3月、長野市営「愛国長野飛行場」として開場し、小型旅客機が東京・大阪などに定期便運行していた小さな飛行場だったが、41年、陸軍に接収され、軍用飛行場となり、訓練用練習機が配備されるようになっていた。

　1944年、松代への大本営移転工事に伴い、大型軍用機の離着陸に対応できるよう、拡張が必要になった。

住民の土地を提供させての拡張工事

　工事開始に先立ち1944年11月、東部軍管区の軍人が長野市大豆島村役場

長野飛行場の拡張工事（川上今朝太郎『銃後の街　戦時下の長野』より）

を訪れ、飛行場を東北方へ拡張することを伝えた。長野市芹田国民学校（現芹田小学校）に近隣の地主が集められて、拡張区域内の家屋の移転、土地の提供、測量の手伝い、作業員の宿舎・食事の手配など、細部にわたって依頼され、承諾書に捺印させられた。威圧的でとても反論はできない雰囲気だったという。

1945年1月、陸軍航空隊経理部第3特設作業隊隊長菅又親一建技中尉の指揮のもと、同年4月中旬の完成を目処

に、長野飛行場を大型機の離着陸を可能にするための作業が開始された。

作業は、特設作業隊200余人と、毎日のように周辺地域から動員されてくる男女の勤労奉仕隊約100人、さらに朝鮮からの強制連行者（隊長は「徴用工員」としている）300人、合計600余人ですすめられた。

拡張は既存の飛行場の北側に予定され、滑走路を3倍以上延ばし、幅は5倍に広げるという大がかりなもので、広い田畑に2輪のついた木の箱車で土を運んで固めて整備していく作業だった。

この工事の様子が川上今朝太郎氏の写真集『銃後の街　戦時下の長野』（大月書店、1986年）に収められている。解説文には「1945年の早春、飛行場の拡張工事が行われた。濛々たる砂塵をあげて、早朝から日の暮れるまで、特殊な2輪車で土を運んだ。この工事は大がかりではあったが、軍の秘密に属するものとして一切口外は禁じられ、新聞記事や写真撮影は差し止められていた」「市民のあらゆる階層から、働ける者を総動員しての工事であった。当時、『日

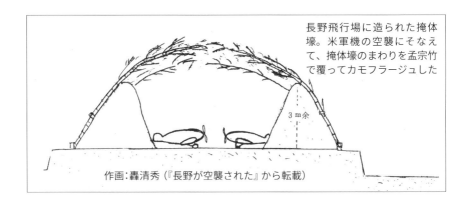

長野飛行場に造られた掩体壕。米軍機の空襲にそなえて、掩体壕のまわりを孟宗竹で覆ってカモフラージュした

3m余

作画：轟清秀（『長野が空襲された』から転載）

本の連合艦隊はほとんど全滅し、飛行機もない』という情報が流れていたので、何のために農地までつぶして飛行場を広げるのか疑問に思う者も少なくなかった」と記されている。

　1945年4月には拡張工事は終了し、飛行場周辺には20数箇所の掩体壕が造られた。1.5mほど土を掘り、その土を壕の回りから上へ3m余り馬蹄形に積み上げて内側に飛行機を隠し、外側には孟宗竹を巡らしてカモフラージュした。上の図はその一つ一つを記憶していた轟清秀（当時11歳）の作図の1枚である。

敗戦目前の空襲

　敗戦2日前の1945年8月13日、長野市周辺は米軍の艦載機グラマンによる爆撃を受けた。ほぼ完成していた長野飛行場も爆撃を受け壊滅。格納庫、掩体壕ほか、練習機数10機も破壊された。作業隊の三角兵舎他の建物も爆撃と焼夷弾によって大半が焼失した。飛行場はほぼ完成していて、作業隊員の大部分は7月からの次の飛行場建設現場である長野市長沼に移動していたため、被害は少なかったものの、拡張工事に動員されていた3人が死亡している。翌8月14日の信濃毎日新聞は「艦上機、長野・上田へ初の見参」「70餘機で銃爆撃、いづれも被害は軽微」と報じている。

　空襲被害の実態を明らかにしたのは長野市裾花中学校の生徒たちである。資料の学習や聞き取り調査などを重ね、実際には47人が死亡しており、そのうち飛行場とその周辺では15人が死亡していることを確認した。あわせて被害者・体験者から、空襲の状況を聞き取り、調査結果を1984年の文化祭「裾花祭」で発表した。この反響は非常に大きく、翌85年、敗戦40周年の節目に市民の有志により「長野空襲を語り継ぐ会」が結成され、「40周年、長野空襲を語る集い」が初めて開催された。以来、毎年欠かすことなく8月13日には「長

野空襲を語る集い」が開かれている。

敗戦間際に長野に連れてこられた、農村出身の朝鮮人労働者

　長野空襲が衝撃的であったこともあり、空襲の被害についての調査記録や体験談は数多く残されているが、飛行場の建設についての詳細、特に朝鮮人労働者に関する資料は見当たらない。唯一、長野飛行場の建設を指揮した菅又親一隊長が「長野空襲を語り継ぐ会」発行の資料『長野が空襲された』(1987年)に寄せた文章に朝鮮人労働者の様子を垣間見ることができる。

　菅又隊長の寄稿、「作業隊と長野空襲」の一文を紹介する。

＊　　　　　　　　　　＊

　昭和20年1月、千葉県八街飛行場滑走路を完成させた我々陸軍航空本部経理部第3特設作業隊200余名は、既在の通信省所属の飛行場を大型機離着陸可能にするための作業に着手しました。当時はご承知のように松代地区では、山腹に洞穴を設け、天皇陛下の御座所とこれに附随する施設を、夜を日についで建設中で、長野飛行場の拡張完成も4月中旬迄と短期に限定されておりました。そこで、飛行場周辺の市町村から毎日勤労奉仕の方々に応援していただき、一方では本部からの応援隊を待っておりました。

　そこへ朝鮮から農村出身を主体とする徴用工員300余名が到着しました。団体行動の訓練を受けたことのないこの工員のため、取りあえず本部から見習士官10名の応援を得て、先ず「並び方」・「敬礼の仕方」だけを教え、あとの時間は雪合戦と「しらみ」・「かいせん(ひぜん)」退治を行いながら作業に入りました。

　作業隊の食事は隊長以下歩兵並の量で、主食は大麦と高梁が4割混入されたものでしたが、重労働に従事する工員のため、みすず豆腐より毎日「おから」を購入して満腹となるよう配慮し、更に朝鮮出身工員が味付け等で塩からくて濃い味を好むため、炊事班を別に設けました(引用者註:菅又隊長は長野市内の豆腐製造会社「みすず豆腐」の関係者の家に下宿していたため、便宜をはかってもらったと思われる)。

　寝具は軍用毛布各自1枚のほか、善光寺周辺のお寺さんの協力を得て1人3枚宛支給することができました。

　さて、工事の方は、作業隊約500人と勤労奉仕約100人、合計600人の努力の結集による人海戦術によって予定通り4月中には拡張工事も終わり、飛行機を隠すための掩体壕を作りながら、次の飛行場造成の候補地である長沼村に移動するための準備を始めました。

　この時期に余裕ができたので、人手不足の折に協力して戴いた農家にお礼の

意味も含めて内地人工員に朝鮮出身工員を加えた5〜6人を1ケ班とした班を編成して、1日2〜3ケ班宛農作業のお手伝いをして大変よろこばれました。

この間3月には、死亡隊員のため、善光寺の恭順師以下4名をお招きして、部隊葬を行い、5月には柳家金五郎・松島詩子等を招いて創立記念祭を行い、村の人たちと共に楽しい1日を過しました。

7月に入って、長沼村に隊員の移動を行っていたところ、8月13日午前6時頃米軍のグラマン戦闘機によって空襲が開始されて、夕方迄にグラマンとボートシコルスキーによって波状攻撃を5回うけました。

当時飛行場には、初等練習機（この2枚羽根の飛行機も、最終的には特攻機として使用するために後部座席にはガソリン入りのドラム缶を積んでいました）が10機位と、故障のため不時着した最新型大型爆撃機があり、飛行隊員は約25人程度で対空火器もわずか1門しかなかったため、直ちに川向へ避難しました。

この空襲で作業隊の三角兵舎その他の建物が爆弾と焼夷実砲によって大半が焼失しました。不幸中の幸いは、作業員の大部分が長沼へ移動していたため、人的被害としては、爆死2名、爆焼死（長野病院で2週間後に死亡）1名、軽い怪我2名の最小限ですみました。

これ等死傷者の処置と被爆建物類の整理に着手したばかりの8月15日正午に玉音放送の連絡があり、小学校の校庭に作業隊全員と村の人々が集合して終戦のお言葉を聞きました。

涙で途切れながら最後の訓示を行ったところ、朝鮮出身者は全員悲しみのためか或いは故郷へ帰れる嬉しさのためか判りませんが泣き出し、中には声を出して泣く者もありました。

この後、軽挙妄動をせぬよう指示をして、内庁主計少尉他雇員1名と運転手3名を連れて、トラックで長野を出発。空襲で燃えている大宮市内を突切って、翌16日本部に到着、直ちに指示を受けて、隊員の給料を受領し、ガソリンをドラム缶で6本積み込んで本部を後にして長野に向かい、途中上田の被服庫に寄って、隊員全員分の作業衣上下、下着上下と下足袋を受領し17日に戻ってきました。

早速全員に新しい被服を支給しサッパリとさせ、内地人隊員は17日夜中解散と決定して、各自に軍用毛布1枚、土工用器具と食糧、それらを運ぶための木製リヤカー、2人に1台を支給し送り出しました。

一方朝鮮出身徴用工員は帰還列車に乗せる為、各自に1年分の給料を支給して松本の仮宿舎に送り出しましたが、彼等は一人一人私の手を握り、日本語が判らない者は朝鮮語で一言ずつ挨拶して行きました。幸い停車場指令部との交渉がうまくいって、約10日後（8月24日？）、松本駅から朝鮮に向かって

出発してゆきました。

　隊員を送り出した後は、残務整理として、ふとん類及び農器具（スコップ・ツルハシ・唐鍬）は、勤務奉仕の参加人員に応じて各村へ分配、重機材（トラック・乗用車・オートバイ・牽引車・レール・ローラー）等は長野県に引き渡し、食糧の残部（米・みそ）は東京地方からの疎開者へ寄贈しました。

　尚拡張した飛行場は元の持ち主に、米軍駐屯迄に畑地の姿に戻すことを条件として返還しました。

　私も高池家にお世話になりながら、畑仕事のお手伝い等しながら本部からの指令を待っておりましたが、11月になって東京に帰って復員しました。

＊　　　　　　　　＊

　菅又隊長は温厚な人柄で、地域の人々にも好感を持たれていたという。この寄稿の他、1989年の「第5回長野空襲を語る集い」には集会に参加して当時のことを話している。証言の内容からも、かなり人道的な隊長の姿勢が見え、当時としては稀な事例の1つと思われる。ただこれは隊長の証言であり、当の朝鮮人作業員がどう考え、感じていたかは資料もなく、わからない。

韓国に生存者？

　2013年、長野県強制労働調査ネットワークが韓国での聞き取り調査を行ったとき、証言予定者の1人で、長野県内の飛行場に動員されていたという李員云に話を聞くことになっていた。飛行場とは松本の飛行場かと思っていたが、事前調査で、「滑走路の拡張工事で除草などの作業をしていたが、空襲のあった日に逃亡して近くの大きな川に潜って逃げた」との証言であった。空襲があったこと、近くに大きな川があったことなどから、松本ではなく、長野飛行場に来ていた人ではないかと期待したが、残念ながら家族の反対で本人に会うことはできなかった。

　韓国での聞き取りではこういった例がいくつかあった。「日本人には会うな」「また日本人に騙される」と警戒心を解いていない人がまだまだいることを忘れてはなるまい。

須坂通信(送信)施設用地下壕

(朝鮮人)

松代大本営の移転に伴い送信施設用地下壕を掘削

施設の概要

　1944年11月、「松代倉庫工事」と称した大本営移転工事が始まり、「マ(10・4)工事」として松代のイ号倉庫、ロ号倉庫、ハ号倉庫の3つの地下壕の掘削が開始された。これに続き、45年、仮皇居の工事とともに「マ(3・23)工事」として二号倉庫・ト号倉庫の通信施設の構築が命令された。送信と受信は別の場所に想定され、送信施設(二号倉庫)は上高井郡須坂町鎌田山(現須坂市)に、受信施設(ト号倉庫)は埴科郡清野村の妻女山(現松代町)に、双方とも3本の地下壕が掘られた。

鎌田山(須坂市)の送信施設用地下壕の中央入口(撮影：北原高子)

大本営を機能させるために通信施設は大変重要なものと考えられており、参謀本部第11課の仲野好雄大佐が密かに松代方面を視察していたが、1945年2月、平岡与一郎中佐を派遣して、鎌田山に送信用地下壕の掘削を決定。松代の長野建設隊に依頼して、軍の特設作業中隊（坂口隊）の直轄工事として、4月初めから掘削工事が開始された。

45年7月、隊員1600人の大本営陸軍部第4通信隊が編成され、長野地区に派遣されてきた。第4通信隊は須坂

上：鎌田山（須坂市）の送信施設用地下壕の右側の壕の跡／下：妻女山（松代町）受信施設（ト号倉庫）の跡（撮影：北原高子）

町の国民学校に本部を設けて受信機とキーを置き、近くの臥竜山（がりゅうざん）に送信機を置いて東京の司令部と連絡を取りつつ通信設備の準備を進めていた。すでに鎌田山の壕はできており、機械を組み立てて中へ入れる準備をし、壕の上の松林の中にアンテナを立てることにしていたが、それを立てる前に敗戦となった（読売新聞社『昭和史の天皇』3、読売新聞社、1968年）。

鎌田山地下壕は、江戸時代、須坂藩が財政再建のために始めた吉向焼（きっこうやき）の復元された窯跡の上30mほどの所にある。

入口は3つあったが、現在では中央の入口以外、左右の口は痕跡もなくなってしまった。京都大学防災研究所の地震計が設置されていた中央の壕も、入口は残っているが使用されていない。

受信施設用のト号倉庫は、坑口の1つがわずかに開いている程度で崩壊し

ていて詳細はわからない。

動員された朝鮮人労働者

1945年4月から掘削が始まったと思われる、二号倉庫鎌田山地下壕については記録が乏しく、須坂公民館松代大本営鎌田山通信基地研究会『大本営関連通信基地・弾薬庫・燃料基地』（私家版、発行年不明）が唯一の手がかりとなっている。

この中には勤労動員で鎌田山地下壕の工事に従事した人や飯場の土地を提供させられた人などの証言がいくつか載っている。

それによると、

- 働いていたのは朝鮮人で、鎌田山の南側、須坂市坂田の溜め池のそばにたくさんのバラックの飯場が立ち並び、女性や子どもも含めて大勢の朝鮮人が住んでいた。
- 女の人は白い民族衣装を着ていていつもきれいにしていた。
- 洗濯は石の上に洗濯物を乗せて棒でたたいていた。
- 食べ物に困っていたようで野菜や果物などときれいな布とを交換した人がいた。
- 勤労動員で朝鮮人労働者と一緒に働いた。休憩時間に、たばこを分けてあげたことで感謝され、こっそり作業を休ませてくれたりして仲良くなった。
- ダイナマイトが食べられることを教わって、食べてみた。
- 朝鮮人は1つの壕に7〜8人ずつ配備され、昼夜2交替で作業をしていたようだ。
- 朝鮮の人は200人くらいいたのではないか。

などの証言が収録されている。また戦後、壕の中に入って遊んだという人もいて、3本の壕は中で1つに繋がっていたという。

見つかった生存者

「厚生省名簿」には、須坂作業隊に関する記載はなく、実態がつかめていなかったが、2018年に明らかになった「帰鮮関係編纂」の中に、運輸省松代建設隊須坂作業隊の「帰鮮希望者」の名簿があった。同作業隊所長矢野亨、代理人石黒巌の連名で1945年9月、新潟鉄道局長野管理部長宛に出された名簿である（矢野亨は西松組松代出張所所長）。須坂警察署長の名で「帰鮮者の年齢別内訳」が書かれている。それによると13〜81歳が358名、6〜12歳が80名、

左：「帰鮮関係編纂」に記載された崔福達（日本名・斉藤福達、左から3人目）一家の名簿
右：岡村仙吉（朴仙吉、右から1人目）一家の名簿

1〜5歳が86名、計524名とされ、氏名（日本名）、本籍地、性別・年齢が書かれている。

　労働者は200人くらいいたという証言とずいぶんかけ離れているよう見えるが、524名のうち17歳以上の男性は216人なので、壕で働いていた人が200人くらい、という証言とほぼ一致していると考えられる。

　2019年信濃毎日新聞の記者が韓国に調査に行き、須坂作業隊にいた人の親族に会うことができた。

　崔福達（日本名・斉藤福達）は、取材当時83歳。6歳のときに日本に渡り、父親は各地で建設作業員として働いていて、1945年に須坂に来たようだ。須坂では地元の小学校に3年生まで通い、友達からは「ふくたつ」と呼ばれていたという。

　福達は「大きな道路があり、向こう側に朝鮮人の集落があって、その後ろに山があった」「山の麓に穴があり、父は毎日そこで仕事をしていたようだ。監督は日本人で大勢働き、夜もカンテラを持って穴に出入りするのを見た」「『発破やー！』の声でみんな避難して1〜2分後に爆発した。1日に昼と夕方5時の2回。砂利が家の屋根まで飛んでくるほどだった」と話していて、鎌田山周辺のことや当時のことをはっきりと記憶していた。帰国時には父親が仕事でもらったお金を盗まれ、帰国後の苦労も並ではなかったようで「あのころが一番良かった」と記者につぶやいたという。

　信濃毎日新聞の記者はもう1人、須坂作業隊で働いていた日本名岡村仙吉の本籍地を尋ね当てた。岡村仙吉は敗戦当時56歳。名簿には一家6人の名前が並んでいる。本名は「朴」であるらしいことはわかったが、残っていたのは傷んだ空き家だけであった。

上田地下飛行機工場

（朝鮮人）

三菱重工業の戦闘機工場の疎開先として地下壕を掘削

　1944年7月、サイパン島が米軍の手に落ちると、この島から飛び立った米軍機が、日本の主要都市をはじめ軍需工業地帯に激しい空爆を行うようになった。航空機の製造を担っていた、名古屋の三菱重工業第5製作所（航空機工場）も、同年12月の東南海地震と、同月から翌年4月にかけての空襲で全滅してしまった。

　そのため、1945年5月、陸軍東部軍経理部はその工場を長野県上田地区へ移転することとした。偵察機と双発の軍用戦闘機を作る予定で6月から地下工場建設工事が実施された。

　この工事は、公式には「上田付近三菱重工業株式会社第五製作所分散防護工

エンジン製作用の工作機械を設置するために掘削された仁古田壕跡（撮影：北原高子）

事」とされ、「松代倉庫工事」を「マ工事」と呼んだように「上田地下倉庫工事」、略して「ウ工事」と呼ぶ秘密工事だった。

「ウ工事」の概要

1945年6月8日、関係地区の区長会が開かれ、軍部の要請で土地の買収、民家の借用、倉庫の借用などが依頼され、14日から飯場建設が始まった。27日には東部軍の野戦建設部隊1個中隊（513人）が到着して東塩田、浦里、川辺の各国民学校に泊まり込み、翌28日から工事が始まった。隊長は、松代の工事と同じ、加藤幸夫建技少佐、現場責任者は亀山敏夫建技大尉が務めた。

7月には朝鮮人労働者が到着し、8月には近隣36カ村から勤労奉仕隊が支援に駆けつけ、工事が進められた。

東塩田村下之郷の生島足島神社の境内に本部を置き、3カ所に分けて工事が行われた。

上田市の西方一帯の丘陵に進められた工事は、東西6km、南北5kmにおよんでおり、それぞれの現場で朝鮮人労働者を使っている。

（以下の村は現在、すべて上田市になっている。）
- 工事本部―東塩田村生島足島神社境内

- エンジン工場―仁古田、八木沢地区

浦里村仁古田と中塩田村八木沢の間にある丘陵を、仁古田側八木沢側の双方から掘り進め、穴が貫通したら尾根の真下にその穴と直角になるように1本の長い壕を掘りぬいて、エンジン製作用の工作機械を設置する計画で、約25本の壕の掘削を計画した。

ここは運輸省第1地下建設隊（熱海作業隊）の指揮の下、西松組・野口組・成田組・村松組などが請け負い、朝鮮人労働者を大勢使った。20数本の壕がそれぞれ50～100mほど掘られたが、工事の途中で敗戦となり、現在、壕のほとんどは崩れている。

- 部品製造工場―東塩田村

東塩田村の東山国有林から小森山、神畑にかけての広い丘陵に半地下式の工場を建設し、上田に疎開した軍需工場や地元で軍需工場に転換した工場などを収容する予定で約60棟の建設を計画。東部軍経理部が担当し、戸田組が請け負い、さらに小畑建設、川中島建設など地元の会社がその下請けをし、多数の朝鮮人労働者を使った。

▪ 飛行機組立工場—川辺村

　上田飛行場に隣接する川辺村の段丘をえぐって、半地下式組立工場を建設し、エンジン工場（仁古田、八木沢地区）からエンジンを、部品製造工場（東塩田村）から部品を運んで組み立て、拡張した上田飛行場から飛行機を飛ばす計画で、3棟の建設を予定した。半地下式に建設し、飛行機がすっぽり入るかたちに造ろうとしたが、鉄材が入手できず、梁が木造だったので、カマボコ型の屋根の上に土を乗せることができず、雑草をかぶせたり、迷彩を施して偽装することとした。軍部は、工事を松本の丸太組に発注し、地元建設会社が請け負って朝鮮人労働者を使った。さらに野戦建設部隊、東部軍27659部隊も加わった。

　工事はシャベル・ツルハシ・ウインチ・トロッコなどを使う手作業が中心で、コンプレッサーと鑿岩機が多少あり、仁古田にはコンプレッサーを設置する予定で、その台座が残っている。

　これらの地下・半地下工場は1945年9月末までに完成させる予定だったが、敗戦時には30％ほどしか完成していなかった。仁古田には崩れかけた壕が2つ残っていたが、1つは現在不明である。

工事に関わった労働者

　技術指導は運輸省第1地下建設隊の技術者約50人が担当した。これに西松組・野口組・成田組・村松組、丸太組・戸田組他地元の建設会社の作業員、組頭、黒部ダム工事からまわされた人など、約1500人ほどが中心的な役割を担った。朝鮮人労働者は4400人以上と推定されている。そのほか、野戦建設部隊513人、三菱の建設隊が50〜60人、軍の自動車隊も来たという。そして近隣36カ村からの勤労奉仕隊の人々が毎日何百人も動員されており、労働者の総数は大変な人数になるが、正確にはわかっていない。

　朝鮮人労働者の仕事は主として掘削工事、勤労奉仕隊は掘り出した土砂を運ぶことと、その土砂の上に草木を載せてカモフラージュする仕事だったという。真夏の工事のため、カモフラージュした草木はすぐに乾いてしまい、何度も何度も草木を採ってきて載せた、という証言が残っている。松代の工事ではこの作業に国民学校3年生以上の児童が動員されている。

朝鮮人労働者について

　朝鮮人労働者の人数は、浦里村仁古田に1600人、八木沢に800人、小森山に800人、東山に800人、川辺に400人、合計4400人と推計されている。このほか松代や黒部ダム建設工事からまわされてきた人などが200人くらい

仁古田飛行機製造地下工場跡

太平洋戦争の末期（昭和二十年六月）、日本軍部は、東南海地震と空襲によって壊滅した名古屋の三菱重工業第五製作所（航空機工場）を移転させるべく、上田地区（仁古田・八木沢・東塩田・川辺）に地下壕などの建設を始めました。

この航空機工場建設の工事は公式には「上田付近三菱重工業株式会社第五製作所分散防護工事」と称されたもので、軍は、機密保持のため「上田地下倉庫工事」略して「ウエ工事」と呼びました。

地下壕の建設には、上田・小県地域の勤労報国隊の人たちのほかに、強制連行された人を含めて朝鮮の人たち四四〇〇人（推定）が、苛酷な労働に従事しました。

建設工事は、八月十五日の終戦の日まで続けられ、仁古田地域には二十数本の壕が五〇～一〇〇メートル掘られましたが、現在、壕のほとんどは潰れて凹地となっています。

この仁古田地区に残る地下壕跡は、その当時を物語るものです。

上田市教育委員会

仁古田壕跡の案内板には「強制連行された人を含めて朝鮮の人たち四四〇〇人（推定）が、過酷な労働に従事しました」と書かれているが、何者かによって「強制連行」の文字を毀損しようとした痕跡が見られる（2017年4月撮影：北原高子）

いたと言われている。

浦里村の記録によれば、敗戦時には人口が3000人以上増えており、その中に朝鮮人が1600～2000人いたと推定され、浦里国民学校には68人の朝鮮人児童が就学している。

仁古田等地下飛行機工場調査保存の会『上田地下飛行機工場』（私家版、1995年）には、当時を知る人の証言が紹介されているが、地元の人は、「あの頃のことを話すのだけはかんべんしてください」と言うほど、見るに忍びない生活をしていたようだ。真夏の時期の灼熱の作業場で空腹に耐えながらの工事を目撃し、「口に入るものなら何もかも食べていた。田の蛙も野草も」と証言している。『上田地下飛行機工場』に記されている具体的証言をいくつか紹介する。

- 私の家の前を通って国有林へ仕事に行く朝鮮の人たちをよく見ました。皆若い人たちでした。ほとんどの人たちは上半身が裸、食べ物もあまりないようで気の毒でした。時々私と話した人（片言の日本語ですが）で、たし

かホーさんという人に、いり豆などをあげると、とても喜んでいました。終戦後、帰国の挨拶に来て「自分は走るのがとても得意です。オリンピックには必ず出場するから必ず見てください」とお礼を言って帰りました。戸田組の下で働いていました。（当時 24 歳の女性）

- 終戦より 2 ヶ月ほど経った頃、朝鮮人の人たちが大勢宿泊していた所（あとで飯場とわかった）の木材を学校の庭へ運びました。飯場の中には血のついた木々や牛の骨、ニワトリの羽などがたくさんありました。飯場は板の上にただ枕がわりに丸太があっただけでした。朝鮮の人たちはあんな所で宿泊していたんだと思うと……。（当時 14 歳）
- 働いていた人は朝鮮人が中心。村への届け出は富山の黒部ダムの転出者となっており、その数 3263 人となっていた。（中略）大きな池の所に飯場を作って、すぐに壕に行けるようにしていた。（当時浦里村役場の総務課に勤務していて「ウ工事」関係の書類を一部保管している横山勇司の証言）

敗戦時〜敗戦後

　上田飛行場は 1931 年に「市営上田飛行場」として開場し、33 年、陸軍省に献納され、随時拡張されて最終的には総面積 17 万坪となっていた。軍用機の飛行訓練場となっていたが、長野飛行場と同様に 45 年 8 月 13 日、空爆された。8 月 15 日、正午に天皇の放送があるというので、軍や建設隊の関係者が待っていたが、突然停電してしまった。朝鮮人労働者の暴動を恐れた憲兵隊の指令で電源が切られたのだという。東部軍 27659 部隊は朝鮮人労働者の暴動を警戒して緊急に武装行進をした。そういった警戒が必要なほど朝鮮人を酷使したということだろう。朝鮮人たちが日本の敗戦を知ったのは 2 日後だったという。

　数日後から朝鮮人の帰国が始まり、上田駅に向かうトラックから朝鮮人労働者たちの「マンセー、マンセー（万歳、万歳）」と叫ぶ声を多くの人が聞いている。

　1985 年、元飛行場関係者、地元住民により、「上田飛行場跡」の碑が建立された。

　2018 年に明らかになった「帰鮮関係編纂」には、長野県内の

「上田飛行場跡」の碑（撮影：北原高子）

各事業所からの帰国予定者の人数が記され、松代工事関連の事業所については人名（日本名）が書かれているが、ウ工事については、人名は書かれておらず、人数だけ「東部軍浦里工事西松組、546 名」「同戸田組、113 名」「同丸太組、17 名」とある。研究者の調査や、証言などとはかなりかけ離れた数字で、正確な人数や名前、病人やけが人、死者などについて、不明な点が多い。

　また、「帰鮮関係編纂」とともに入手した「内鮮調査報告書類編冊」の「ウ工事」の備考欄には「官斡旋労務者ニテ 8 月 15 日以降工事中止ニヨリ食料掠奪其ノ他治安上憂慮スベキモノニ付至急送還ノ要アルモノ」とあり、朝鮮人労働者を追い返そうとの意図がありありと見える。

強制労働の現場と実態 **3**

中信地方

小谷村

白馬村

大町市

麻績村

松川村　生坂村

池田町　筑北村

安曇野市

中信

松本市

山形村

朝日村　塩尻市

木祖村

木曽町

王滝村

上松町

大桑村

南木曽町

陸軍松本飛行場

（朝鮮人）

本土決戦に備えた陸軍飛行場建設

陸軍松本飛行場の建設

　1943年3月に陸軍航空本部・経理部・工事本部が編成された。10月に陸軍省から今井・笹賀・神林の3つの村の村長に、飛行場設置が言い渡された。耕地・山林など200ha以上が買収され、翌44年2月には工事が始まった。工事請負は、熊谷組（滑走路）と鴻池組（格納庫）。その下請けは田中組、村田組、大野組である。

　飛行場は、現在の信州まつもと空港より少し北寄りに1辺が1300mのほぼ正方形をしている敷地である。滑走路は、石を並べてその上に砂を敷いただけで一部芝であり、雨には弱かった。1945年8月には完成予定だったが、本土決戦に備えて完成前から使用され、飛来したのは爆撃機「飛龍」、まれに「呑龍」。戦闘機では「鍾馗」「疾風」などだった。また、練習機「赤トンボ」の訓練も行われていた。特攻機の利用もあった。

　「詳細ははっきりしないが第17航空司令部や熊谷陸軍飛行学校の分校が置かれたというように、陸軍の飛行場としての役割を果たしているほか、それに加

米軍によって撮影された陸軍松本飛行場跡の空中写真（1948年2月18日撮影。国土地理院国土変遷アーカイブ空中写真サイトより）。正方形の線で囲まれたところが飛行場。薄いL字が滑走路。白い誘導路とその先の掩体壕も見える。

えて松本平に分散展開した三菱重工業名古屋航空機製作所の組み立て工場としての役割も果たしていた」「飛行場は1945年に完成。7月25日には陸軍空541部隊も移ってきて訓練したとの証言もある」(原明芳「続・陸軍飛行場跡について

陸軍松本飛行場の跡地に残っていた格納庫の基礎コンクリート(現在は撤去。撮影:平川豊志)

の覚書」『松本市文書館紀要』17号〈松本市、2007年〉)

工事に動員された人々

工事では、徴用された朝鮮人多数が労働した。その数は800人とも1000人とも言われている。また、中信地区翼賛壮年団、今井・笹賀・神林の村民や学生、さらに国民学校の高学年児童までもが動員され、婦人会は鎖川で砂利ふるいをしたりした。

1945年11月10日付の『信濃毎日新聞』は、近隣住民や学徒動員などに朝鮮人労働者を含めて延べ10数万人に上る人が動員され、常時800人を数える朝鮮人がいたと報じている。「帰鮮関係編纂」によると帰国希望を出したのは鴻池組関係だけで62人が記載されている。

1992年に松本市史近代・現代部門編集委員会が発刊した『松本市における戦時下軍事工場の外国人労働実態調査報告書』(松本市、1992年)には以下の記述がある。

「記録と証言を示したとおり、陸軍飛行場の朝鮮人が従事していたことがはっきりする。飛行場の建設は1943(昭和18)年から開始されていた。里山辺地区で働いていた熊谷組の人々が、日本人と朝鮮人をふくめて、神林地区から移動していた例も見られる。(中略)万歳塚の周辺に10棟ほど、北耕地の辻に4棟ほどの朝鮮人が住んだ飯場があったことが証言からわかっている」

「建物は、もうただ敷きっぱなしの板でもってね、囲った板囲いだけの。トタンやねですね。その高さというか、幾らか下掘り込んである、そういうような建物でした。掘っ立て小屋ですね、ただの。それでただ床があって。」

という地元住人の証言も載せられている。

朝鮮人の証言

■ 李康 奎（1918 年生まれ）
イ カンギュウ

1944 年 12 月に江原道で徴用された。3 人兄弟の長男。1 人の弟は徴兵、も
う 1 人は国民勤労報国隊で 3 人とも動員された。釜山、下関を経由して翌 45
年 1 月に松本に着いた。仕事は滑走路をつくったり、木製の偽の飛行機をロ

李康奎（写真提供：長野県強
制労働調査ネットワーク）

ープで引いたりした。本物の飛行機もロープをつけ
て引っ張った。5 月からは約 2 カ月間、東京の空襲
の後始末に動員され、穴掘りと死体処理などをした。
その後再び松本に戻り、軍人の家の仕事や庭に防空
壕等を作る仕事をした。いつも仕事にはノルマがあ
った。食事はべたべたしたような小麦粉で、すごく
少なくいつも空腹だった。服は軍服をもらったがと
ても小さく、後でもらったものは大きすぎた。
　　　　　　宿舎は現場の近くにあり、出身地別だった。三角
兵舎で真ん中に通路があって、50 人くらいが両側に寝た。毛布を 2 枚敷き、
1 枚はかけたがとても寒くて死ぬかと思った。飯場から逃げた人もあり、捕ま
って帰ってくると殴られた。一緒に働いていた人も殴られた。そして 24 時間
食べ物も水ももらえなくて閉じ込められた。（2012 年聞き取り）

■ 邊 遠同（1927 年生まれ）
ビョンウォンドン

1944 年田植えの前に日本人の駐在所の巡査の下にいた 2 人の韓国人に両方
から腕を掴まれ連れて行かれた。15 歳で父が、16 歳で母が亡くなり、兄弟も

邊遠同（写真提供：長野県強
制労働調査ネットワーク）

バラバラで、一人暮らしだった。それで連れて行き
やすかったのではないか。海南から 150 〜 200 人、
ヘ ナム
麗水ではもっと加わった。麗水の港から船に乗り下
ヨ ス
関を経由して松本に行った。村山組に所属した。飛
　（ママ）
行場の整地作業では 400 人の朝鮮人が 3 人 1 組に
なり、1 人が土を掘り、2 人がトロッコを押して低
くなっているところに土を入れた。ダイナマイトは
使わなかった。1 日に掘るノルマがあり、朝 8 時く
らいから暗くなるまで働いた。掩体壕を作る仕事も
あった。仕事をしている時、日本人がすごく怖くて、リンチされたり暴力を振
るわれないようにした。賃金はもらったことがない。村山組との契約もなく、
何年働くかもわからなかった。

　食事はトウモロコシや麦を混ぜたものでとにかくとてもひどい空腹だった。飯場は大きな講堂みたいな建物で内部を仕切って出身郡別に使用していた。牛小屋みたいなところで暖房もなく、真中の通路に頭を向けて寝たが、寒くて眠れなかった。休日も賃金も自由も無く、辛かったので解放（1945年8月15日）の6カ月前に日本語のできる友人と逃げ出し、富山に行った。つかまるという恐怖はあったが、毎日辛かったので逃げた。トラックの助手をしてようやく賃金を得た。

　名前も日本人に変えられたし、日本人は私たちを連れて行き、品物のように扱った。正直に言えば人の扱いをされなかった。豚もこのような扱いはされない。今まで反省もしないままでいる日本と、韓国がなぜ仲良くするように努力するのか。（2011年聞き取り）

日本人の証言

- K（東京在住）

　実は私は、松本中学校最後の卒業生でして戦争中は神林の飛行場へ動員されました。そこで、滑走路の整備作業を主にしていたわけですが、多くの朝鮮人労働者を見かけました。重労働で非常に疲れた様子が印象的でした。何があったか知りませんが、大勢の労働者たちの前で、1人の若者がリンチを受けているのを目撃したこともあります。軍のひどさは相当なものでした。滑走路の工事は熊谷組ではないかと思います。（手紙による問い合わせへの返答）

松本地下飛行機工場

（朝鮮人・中国人）

三菱重工業名古屋航空機製作所の疎開先になる地下・半地下工場建設

戦闘機製作工場の疎開

　日本の敗色が濃くなった戦争末期、本土への空襲も始まって、重要な機関や工場を海から遠い内陸部へ疎開することが決まった。三菱重工業名古屋航空機製作所もその1つである。1944年12月7日に起きた東南海地震（M8）で多くの建物が倒壊した上、12月13日にはアメリカ軍の集中攻撃・空襲で壊滅的な被害を受け、全国各地への疎開を開始した。第1製作所と第2製作所の一部が44年暮れから45年初めにかけて長野県松本市に疎開し、市街地の学校、工場、映画館など20余の建物が使われた（第5製作所は上田へ移転。本書99頁参照）。

上：山辺地区の金華山に掘られた地下壕（撮影：平川豊志）
下：1945年当時の中山地区の半地下工場（写真提供：池田三四郎）

　1945年に入ると全国各地の都市や工場が激しく空襲されるようになってきているため市街地からさらに山間部に地下・半地下工場をつくってそこへ移そうという計画が進められた。

　地下工場は、松本市街地から東方向、平地から山間部が始まる場所にある金華山（通称林城山）、向山（通称小城）に地下トンネルが掘削された。当初の計画では6月中

に工事の50％を完了して生産に入り8月中には完成する予定だった。しかし8月15日の敗戦までに完成にはいたらなかった。金華山の地下壕の掘削は約40％、向山の地下壕は、貫通はしたものの大雨で崩れ、使いものにならなかった。

　半地下工場は、地面を掘り下げた上にドーム型の屋根をかけ、上から見えないように土などをかけて隠すものだ。山辺地区の金華山と向山の周辺、さらに南にある中山地区に、あわせて150棟の建設が計画され、100棟ほどが8月までに完成し、機械などが運び込まれて稼働し始めていたものもあった。

　これらの工事は陸軍航空本部のもとで熊谷組が請け負った。計画面積は2万3400㎡、請負金額は1000万円という破格のものであった。この工場では1カ月に20機の実験用飛行機を生産する計画であり、「キ-83」「キ-67」「烈風」「太陽」の部品を製造し半地下工場で組み立て、飛行場の半地下工場で試験をする計画だった。

工事に動員された人々

　山辺地区の金華山と向山の地下壕の掘削は、主に朝鮮人の労働によって進められた。

　中山地区の半地下工場建設工事には、7月10日に静岡県の富士飛行場建設現場から244人、7月13日に神奈川県の相模湖ダム建設現場から259人、あわせて503人の中国人が連行された。朝鮮人も労働していたという証言がある。地下壕周辺の作業や半地下工場については、日本人も東海555部隊（三重県の工兵隊）の他にも、勤労動員の人々が多数労働した。日本大学の学生、近隣の中学生（旧制）なども従事したことがわかっている。

朝鮮人の動員、労働と生活実態

　当時の里山辺村の村長、田村義正が書いた手記「終戦夜話」（『月刊新信州』1974年7月10日発行、所収）によると、7000人の朝鮮人が集められたという。「厚生省名簿」には、1945年には官斡旋で567人が動員されたという記載がある。また、「帰鮮関係編纂」には、1945年9月に帰国希望者の輸送を熊谷組が取りまとめて申請したのは、1230人（女性、子どもを含む）に上っている。

　朝鮮人労働者の動員には様々な形態があった。大工や発破技術者など職能集団のようにして集められた者、違う現場から有無を言わさず投入された者、徴用された会社の移動で松本に来た者、朝鮮半島から直接強制的に集められてきた者など。こうした朝鮮人労働者たちは、家族同行もあり、単身もあり、それぞれ生活条件の違いがあったようだが、いずれにしても勝手に移動することは

三菱重工業名古屋航空機製作所の松本への疎開

㋑三菱重工業名古屋航空機製作所作業部所・機能	㋺松本に疎開した際に転用された建物	㋩さらに山岳地帯に再疎開させる予定で作られた半地下・地下工場
(本部) 管理 資料図書館 部品作業、木工	日本蚕糸松本工場	城山地下工場 向山地下工場 半地下工場
管理	日本蚕糸普及団	半地下工場
第1設計課	女子商業学校	半地下工場
第2，3設計課	松本第2中学校	半地下工場
第4，5設計課資料部	松本高等学校	設計課―半地下工場 資料部―向山半地下工場
資材部	松本工業学校	生産統制課―半地下工場
製図設計課 生産統制課	松本高等師範学校・女子部(ママ)	製図課―半地下工場
訓練学校課	松本聾啞学校	半地下工場
生産統制部第3研究課	清水小学校	半地下工場
資料課	開明座劇場	向山地下工場
部品作業所	中央配電松本支社	半地下工場
輸送課	ショウボシ砂糖貯蔵所	地上の補助建物
連絡	西中屋旅館	
部品作業所(鉄板)	新設松本飛行場	城山地下工場
第1組立作業所	松本飛行場第5格納庫	半地下工場
第2組立作業所	松本飛行場第3格納庫	半地下工場
同	松本飛行場第4格納庫	同
第1組立作業所(部品)	芝浦タービン松本工場	同

〈註〉「松本における戦時下軍事工場の外国人労働実態調査報告書」に掲載された米軍戦略爆撃調査団の報告書を元に作成。㋑は松本に疎開した三菱重工業名古屋航空機製作所作業部所、機能であり、㋺は松本に疎開した際に転用され、使用された建物。㋩は、さらに山岳地帯に疎開させる予定で作られた地下、半地下工場である。

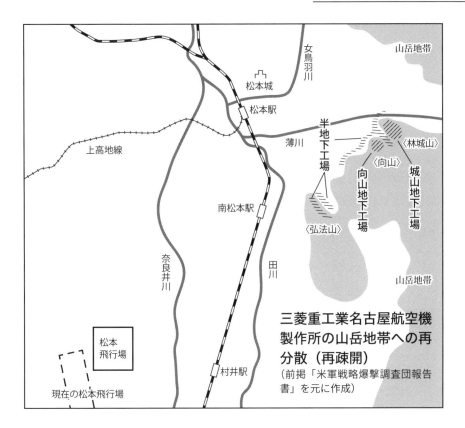

三菱重工業名古屋航空機
製作所の山岳地帯への再
分散（再疎開）
（前掲「米軍戦略爆撃調査団報告
書」を元に作成）

できず、自由の無い生活だった。

　労働は昼夜2交替。地下壕の中で労働したのはほとんどが朝鮮人だったといわれている。死亡者が出ていたことも何人かが目撃し、証言しているが、埋火葬記録などはまったく残っていない。

朝鮮人の証言

・**金今出**（キムクムチュル）（1910年生まれ）

　南信の平岡ダム建設現場から松本に応援に行けということで、トラックに乗せられて家族とともに松本に連れて来られた。着いた翌々日から仕事を始めた。昼夜2交替だった。食べるものが無くて、モロコシとか高粱とか麦とかで、米はあるかないかだ。それを食べると腹がプルプルしてどうしようもない。高粱やトウモロコシのおかゆをつくって弁当箱に入れ、こぼれないようにもっていったが皆下痢をしていた。

　金華山にはえている松の木を切って穴の支柱にし、板をはめながら掘り進ん

113

でいくわけだが、岩山で硬いこと硬いこと。発破で穴の奥を崩してから掘り進んだが、剃刀のようになった石を踏んで仕事をするので、地下足袋はすぐに切れ、藁草履は半日と持たなんだ。穴に入る時に草履を2足持っていくがすぐに切れてしまい、はだしが多くて足からいつも血が出ていた。下痢をして腹がいたくても休むことはできなかった。腹が減って夜になると盗みに行く人もあったが、見つかると死ぬようなひどい仕打ちを受けた。それで死んだ人も出たが、その処置は極秘に行われてわからなかった。（1986年、松本市の集会で証言）

中国人の労働と生活

　中国人が松本市中山に連行されてきたのは1945年7月10日（静岡県富士飛行場建設現場から）と7月13日（神奈川県相模湖ダム建設現場から）で、松本で労働したのは暑い時期の約1カ月である。それぞれ前の労働現場では、1年と少しの間過酷な労働に従事している。松本では、明るくなる頃から暗くなるまで土を掘ったり運んだりという重労働でお昼は1時間くらいの休み、休日はなかった。宿舎は塀で囲まれて入口には見張りがおり、逃げられないようになっていた。

　衣類はほとんど支給がなかった。勤労動員の中学生が目撃して、中国人はほとんど裸同然だったと証言している。

　食事は、臭くなった米糠やトウモロコシの粉を固めたようなマントウ（蒸しパンのようなもの）で量はとても少なく、のどを通らないようなものだった。おかずもほとんどなく、働けないとさらに半分にされるので、病気やけがでも無理して仕事に出たという。おなかが減って草や虫、蛇やネズミを食べて飢えをしのいだ。風呂にも入れず、「痩せてフラフラしていた」「とても臭かった」などの日本人の目撃証言がある。中国人は隊組織をつくらされ、中国人同士で監視しあうようにさせられ統制されていた。暴力は日常的で、よく殴られた。

中国人の証言

▪ **劉善田**（1924年生まれ）

　貧しい農民だった。果物売りや出稼ぎをして生活費を稼いでいた。

　19歳のとき（1943年旧暦6月）、果物を売っていたら突然捕まってトラックに乗せられた。1部屋に100人ぐらい身動きできないほど詰め込まれた後、4人が1本のひもで縛られ、貨物列車に乗せられて天津に近い塘沽収容所に連れて行かれた。

　収容所の周囲は堀と電流を流した鉄条網で囲まれて、入口は日本人が銃を持って警備していた。逃亡を防ぐため夜は裸にされ、昼も紐をはずしたズボンを

はかされた。1日3食、傷んで臭くなったトウモロ
コシの粉の蒸しパン（直径8cmくらい）2個で、臭く
て苦くて酸っぱくてとても食べられなかった。動く
ことも話すことも禁止で、いつも殴られた。10日
ほどの間に同じ部屋の200人ぐらいのうち10数人
が死んだ。石炭運搬船に乗せられて日本に連れて行
かれた。

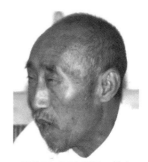

劉善田（写真提供：松本
強制労働調査団）

　富士では、飛行場をつくる仕事をさせられた。夜
明けから暗くなるまで休みなく、草を刈り、トロッ
コで土や石を運んだ。雪や雨でも1日10時間以上
仕事をさせられ、腹が減り海藻やカエルや蛇を食べた。お風呂は捕まってから
解放されるまで入れなかった。富士でも多くの人が死んだ。

　麦の収穫の時期、松本へ移された。午後4時ごろ着いて翌朝から働かされた。
山のところで倉庫のようなものをつくった。朝4時に起きて日が沈むころ宿
舎に帰った。

　日本が負けた時はとてもうれしかった。まず食糧倉庫から食糧をとった。帰
るまでの間、松本の街を見に行ったり、宿舎に来た日本人と交流したりした。
給料は一切くれなかった。

　帰りはアメリカ軍の船で青島まで運ばれた。そこから1カ月以上歩いて家
に戻ったら、家も土地もなく母は物乞いをして暮らしていた。貧しくて10数
年間結婚もできなかった。体が不自由で働けず今も貧しいので、孫たちは学校
へ行っていない。息子たちも出稼ぎをして暮らしている。

（2000・2005年聞き取り）

▪ **韓忠**（1927年生まれ）

　17歳の時、警察から「用がある」と呼び出されてそのまま捕まえられた。
飛行場を作るから働けと言われたが、日本へ連れて行かれるとは知らなかった。

　1本のひもで4人が縛られて、汽車で塘古の収容所に運ばれた。収容所は電
流が通った鉄条網で囲まれ、逃げないように監視された。食べるものも少なく、
病気や暴力で死ぬ人がいた。逃げようとして捕まって死ぬまで殴られた人もい
て、収容所で死んだ人の死体は東湖の海に捨てられるか埋める所に運ばれた。
大きな逃亡事件があり、たくさんの人が殺された。

　石炭を積んだ船に乗せられて日本に連れてこられた。静岡県の富士で、飛行
場の工事をした。服が支給されず、寒い時も服がなくて、麻袋を敷きセメント
袋をかぶって抱き合って寝た。（以下、富士での労働、生活は劉善田とほぼ同じな

韓忠（写真提供：松本
強制労働調査団）

ので省略）

　夏に松本へ移された。穴を掘り、中に機械が組み
立てられた。よく殴られ、1人は見せしめに皆の前
で殴られ、両足の骨を折られて殺された。8月15
日の夜、見張りや監督がこっそり逃げてしまい、日
本が負けたことを知った。1カ月後に小遣い銭程度
の金をもらった。食堂に行ったり温泉に行ったりし
たことがある。

　帰国してから家に帰ると、母親は息子を探して気
が狂っており、息子が帰ってきて目の前に立っても
「息子はどこですか」と探していた。間もなく亡くなった。母親は死ぬまで息
子のことを考えていた。お金がなくてお棺も買えなかった。家も無く以前に増
して貧しく、体も弱くなり農業の重労働ができない。（1998・2005年聞き取り）

■ 于宗起（1996年調査時74歳というが生年不明。「外務省報告書」の名簿では李宗起）
　抗日戦争に参加。狼牙山の戦闘で負傷し、秘密の病院（普通の集落の中にか
くまわれている）で治療中に掃討にきた日本軍に捕まった。虐待とひどい拷問
を受けた。鉄棒で口をこじ開けられて水を注がれ、腹が膨れ上がるとふとい棒
で腹を押された。鼻口耳ありとあらゆる穴から水が出た。それを唐辛子の入っ

た水でやられた。

　その後、北京の収容所に送られ、そこに5カ月
いた後、300人が青島から船で下関に（字が読めな
いが、字を読める人から地名など教えられた）。消毒さ
れて電車に乗り大阪・東京を経由して相模湖ダム建
設現場に連行された。そこではノルマを課されての
トロッコ押し。7月に松本に移動した。半地下工場
をつくる仕事をした。

　相模湖でも松本でも日本にいる間、衣服も桑の木
の皮で作った半ズボン1つの他は支給がなく、大

于宗起（写真提供：松本
強制労働調査団）

豆の搾りかすと米糠などの蒸しパンのようなとてものどを通らないような食
事。周りの食べられる草はすべて食べ、虫やカニも取って食べた。仕事は12
時間、ノルマを決められた。よく殴られた。拷問虐待とひどい食事による後遺
症があり、今も突然倒れることがある（証言している間も、何回か足や体が震え
だした）。（1996・1997年聞き取り）

戦後のこと

　朝鮮人の戦後と中国人の戦後は大きく違う（中国人からの聞き取り 10 人、朝鮮人からの聞き取り 5 人、ほかに日本人からの聞き取りも含む）。

朝鮮人の場合

　1945 年 8 月 15 日以後お金もあまりないなかで、急に仕事や生活場所を失った。故国に帰ろうと移動した人々も多かったが、徴用される以前から日本で生活していた人々の中には、帰るに帰れなかった者も多数いた。日本の植民地支配下で、田畑を奪われ、家や資産を奪われ、帰る故郷をなくしてやむを得ず日本にわたってきた人が多いからだ。

　松本でもそのような人々が筆舌に尽くしがたい苦労をして、ゴミを集め、飴を作りドブロクを作り必死に生きてきた。日本に植民地支配されていた朝鮮人は、戦勝国の扱いから排除される一方、もう日本人ではないとして国からの援助や補償からも排除され、根強い差別にもさらされて生きなければならなかった。死者や遺骨の調査もされていない。

中国人の場合

　日本敗戦後、松本にいた中国人は、同じ中国人でありながら日本の手先として仲間を虐待したり死に追いやったりした数人の責任を追及して制裁（1 人は死亡）した。自分たちで新たに代表を選び規律をつくり、占領軍や使役した建設会社などに（衣服や食料の支給など）生活の改善や早期帰国を求めて交渉した。

　11 月末まで帰国できずに松本にとどまっていた。市内をデモしたり、壁や橋にスローガンを見事な字で書いたりしたという。支給された粉でマントウをつくって周辺の日本人に配ったり、農家を訪問したりもした。11 月末に松本を発ち、アメリカ軍が中国の港まで送り届けた。

　港におろされた人々は、その後戦乱（第 2 次国共内戦）に巻き込まれた者もおり、また何日もかけて徒歩で故郷までたどり着いた者もいる。戦勝国の国民でありながら、被害者はほとんどの戦後処理から除外され、破壊された生活と酷使虐待の後遺症をかかえ、給料や医療費の支給もないまま戦後を生きてきた。

　さらに、日本が「捕虜を労働させたのではなく、労務者を使役した」と主張し続けたため、「日本のために働いた裏切り者」といういわれなき非難を受け、特に文化大革命の頃には差別虐待に苦しみ、周囲に日本での強制労働や虐待を語ることもできなかった人が多い。

昭和電工大町工場

（朝鮮人）

軍用機材料となるアルミニウムの製造作業

大町周辺の電源開発工事と朝鮮人労働者

　大町とその周辺では、1920年代からダム・発電所建設工事、導水路工事などが行われ、多くの現場で朝鮮人労働者が過酷な労働に従事していた。その詳細は明らかになっていないが、以下の記録や碑がある。

　1922年から始まった高瀬川電源開発工事では、1922年3月20日七倉沢の現場で雪崩があって9人の朝鮮人が亡くなった。大町市の長性院境内には下請け建設業者によって建てられた供養碑がある。22年に完成した大町発電所を皮切りに5つの発電所が造られ、これらの工事には3000人の工夫が動員されたといわれる。また昭和電工の電力を得るための農具川導水路建設などに

当時から残る昭和電工大町事業所正門（撮影：平川豊志）

も多くの朝鮮人が投入されたが、36 年に建てられた殉難者慰霊碑には建立者の名前だけで殉難者の氏名も人数もない。これらの工事の犠牲者は 58 人と伝える文がある（井上茂『高瀬入』前田建設企画室、1968 年）がわかっていない。

昭和電工大町工場の歩みと概要

　軍用機製作に欠くことができないアルミニウムの生産は、重要な軍需産業である。アルミニウムの生産には膨大な量の電気が必要で、大町では北アルプスの山々からの豊富な水を利用して水力発電を行い、アルミニウムの生産が試みられた。

　1933 年に設立された昭和アルミニウム工業所は、翌 34 年アルミニウムの工業的生産に初めて成功。39 年には会社名を昭和電工とし、日本でも有数のアルミニウム生産会社として大きく発展した。昭和電工大町工場は現在、アルミニウム生産に不可欠の黒鉛電極をつくる世界的規模の工場として稼働している。

戦争中の朝鮮人動員数

　昭和電工大町工場への朝鮮人動員については下のような記録が残っている。

・長野県特別高等警察の記録に 1940 年 7 月 11 日現在の朝鮮人の数が 46 人と記載。
・「厚生省名簿」には昭和電工の官斡旋雇入れが 1941 ～ 44 年に合わせて 447 人と記載（1941 年 189 人、1943 年 130 人、1944 年 128 人）。下請け業者の島崎組、坂井興業、相模組には、合わせて 248 人（自由募集）と記載。
・「帰鮮関係編纂」によると、1945 年 9 月に帰国を希望し申請したのは下請けを含め 314 人（女性子どもを含む）にのぼる。

　1960 年代に帰国した人も多数いる（70 人余と言われる）が戦後残っていた人は 600 人以上との記録があり、実際の動員者数は以上の数字よりかなり多いのではないかと思われる。

昭和電工大町工場へ動員された朝鮮人の証言

　昭和電工大町工場で労働させられた朝鮮人 3 人の証言を得られた。
　工場の中の仕事では、作業着は支給されている。宿舎は高瀬寮をはじめ、いくつかの寮があてがわれた。作業は高温の現場もあり機械を扱う仕事もあった。食事は 3 人とも少し違っているが、少ない、質が悪いなどあったようだ。な

かにはお寺で朝まで話を聞かされたという証言もあった。3人とも日本語は使えた。

　昭和電工に連行された人々は、他の土木工事や鉱山・炭鉱などに動員された人々とは違いがあるようにみえる。証言にもあるように、やみくもに人数を集めるのではなく、日本語を理解して仕事の指示が理解できる人を選んでいるようだ。衣・食・住についても、火傷の恐れがある高温の職場では長袖の作業着を着せるなど仕事ができるように条件を整えているように思われる。しかし、有無を言わせない強制的な連行、厳しい労働、衣食をはじめ様々な面での差別待遇などが証言からわかる。

■ 金永吉（キムヨンギル）（1928 年生まれ）

　農家の長男で父母と弟3人がいた。国民学校を卒業して家の仕事をしていた。1944 年の7月、郡から徴用令状が来て集められ、全羅北道金堤郡から50〜60人ほどが一緒に麗水まで行き、そこから船に乗った。門司に上陸し、列車で長野県へ行った。

金永吉（写真提供：長野県強制労働調査ネットワーク）

　昭和電工には朝鮮北部（平安南道、平安北道、平壌など）の人もいた。高瀬寮に住んだ。寮は朝鮮人ばかりだった。自分が働いたのは黒鉛に関わる仕事（黒鉛電極製造過程の作業と思われる）で、日本人と2人1組でコークスを砕くクラッシャーという機械を動かしていた。そこで一緒に組んでいた高等学校生（註）が、3階部分の炉から落ちたレンガに当たって即死した。自分が彼を起こしておぶって運んだ。

　コークスを焼く大きな炉の管理をしていて、炉から突然火が噴き出して顔を火傷したことがあり、今でも眉毛がほとんどない。医者がいなくて治療されず職員が油のようなものを塗ってくれた。

　仕事は3交替、1週間に1回休みがあり、外出して映画を見たりした。家と手紙のやり取りもできた。帰るときには何ももらわなかった。解放後は船がなくてなかなか帰れず、1年ほど高瀬寮にとどまっていた。

　国民学校を卒業してから日本へ行ったから日本語は話せたし字も読むことができた（国民学校の校長の名前、教育勅語、日本語の歌「伊那の勘太郎」などよく覚えていた）。（2011 年聞き取り）

■ 李良榮（イヤンヨン）（1925年生まれ）

李良榮（写真提供：長野県強制労働調査ネットワーク）

　徴用当時の家族は母、兄、姉、弟、妹。兄は30歳で結婚していて子どももいた。初めに兄が徴用に行けと言われたが行かず、兄が家族を養うしかなかったため自分が行くしかなかった。私は国民学校へは2年だけ通って、その後、昼間は秤工場に通いながら日本語など独学で学んだ。夜は軍事訓練をした。20歳の4～5月ごろ、銭湯から出ると、2人の男が待っていて一緒に来いと言った。群山（グンサン）の市庁にちょうど50人が集められ、庭に張ったテントに1泊して翌日汽車で出発した。家族が知らせを聞いて駆けつけ母も姉も泣いた。途中また50人を加えて100人が一緒に日本に行った。麗水で服を脱がされ消毒された。小さい船に乗って釜山まで行き、乗り換えて下関まで行って上陸。そこから長野までは汽車で行った。長野に着いて初めて、軍人としてではなく労務者としてきたことを知った。

　昭和電工大町工場へは3回に分けて人がきた。1回目は平壌の人1000余人、2回目に全州、完州の人がきて、私は3回目にきた。

　寮の部屋では25～30人くらいが一緒に生活した。初めに作業服をもらい工場をひと回りしたが、2時間かかった。工場の中は郵便局もあって、ないものはなかった。半日は軍事訓練、半日は仕事をした。

　死んだ人、逃げた人の話は聞いたことがない。でも逃げても多分無理だった。休みの時も、近くに店もなく、金もなく、行くところがないから寮にいた。給料は受け取ったことがない。貯金しておいて後で渡すと言われたが、通帳もみたことがない。食事は白米だが量が少しだった。空腹で、倉庫からサツマイモを盗んで食べた。

　アルミニウムの原料は朝鮮北部の鎮南浦（チンナムポ）から来た。

　大町で働き始めてから7～8カ月後、作業に使う砂が足りないからと2人で愛知県に行かされた。3週間の間に車10台ほどのきれいな砂をつくった。そのとき、大地震が起きた（1944年12月の東南海地震）。その後3カ月ほど復旧作業をした。閉じ込められた人を助けたり、死体を取り出したりした。いろいろなことがめちゃくちゃになったので、家に帰りたくて京都にいる義兄に連絡を取り、そこへ行った。

　（日本敗戦となり）解放されてから1カ月ほど京都にいて9月15日ごろ出発した。京都から下関、釜山から汽車で大田（テジョン）に行って乗り換え裡里（イリ）に行き群山まで60里ほど歩いた。家に帰って母に会うと、毎日泣いていたせいで顔が変

わっていた。

　辛かったのはおなかがすいたこと。家族とも会いたかった。あの時には恨みがある。（2015年聞き取り）

- **林秉祚**（1928年生まれ）
_{イムビョンジョ}

　徴用された当時、祖母、母、兄、兄嫁、甥と一緒に暮らしていた。兄は25歳だった。当時は耕作してとれたものを全部日本に供出させられて、食べるものが無くなっていた。豆カスを配給されてそれを食べた。村の人は皆苦労し

林秉祚（写真提供：長野県強制労働調査ネットワーク）

ていた。15～16歳のころ、田んぼで田植えをしていた時に、面事務所（日本の村役場にあたる）の人たちが来て連れていかれた。

　家に男が2人いたから徴用された。兄を先に連れて行こうとしたが兄が連れていかれると家族が生きていかれないので行かなかった。それで国民学校を卒業して間もない自分が連れていかれた。全州で集められて麗水へ行き、そこから船で下関に行った。長野までは汽車で行った。

　群山と全州、完州の人を合わせて100人が長野の昭和電工に徴用されていった。同じ面から20人が全州に連れていかれたが、日本語ができない人は帰されたので、3人だけが昭和電工に行くことになった。国民学校では日本語だけで勉強させられたので、日本語が上手だった。30～40代の人もおり、自分が一番年下だった。

　昭和電工の作業では2万～2万4000ボルトの電圧のところで、作業場の熱気で汗をいっぱいかき、作業が終わると冷たい水をかぶった。火傷を防ぐために長袖の作業服を着ていた。工場の中は粉塵が飛び散っており、肺が悪くなった。

　大田と平壌から来た人もいた。平壌の鎮南浦から来た人たちが鎮南浦製鉄所に戻ったので、その人たちが使っていた寮で暮らした。

　暴力は受けなかった。食事のことでデモをしたことがある。日本人と朝鮮人が一緒に食事をするのに、朝鮮人にだけ腐りかけたご飯を食べさせたので「あなたたちが内鮮一体だと言ったのになぜ差別をするのか」と訴えながらデモをした。

　食事の量が少なくて苦しかった。昭和電工の近くには食べ物を売る店があまりなく、餅の店があってたまに買いに行った。リンゴを買って食べたりもした。

　給料は食費と貯金を除かれて少しもらった。一番年下だったので一番少なか

った。実家にお金を送る余裕がなくて送れなかった。手紙はたまに送った。貯金は受け取っていない。

　昭和電工の工場は1周すると8kmもある。長野はたくさん雪が降る。除雪用の列車が走るのを見た。

　解放(日本の敗戦)はラジオで聞いてわかった。長野から下関まで汽車で行き、下関から船で帰ろうとしたが、機雷のため出港できなくなり、隣の港から連絡船で帰った。昭和電工で働いた他の人と一緒ではなくて1人で帰国した。

　戦後、強制連行の損害賠償請求訴訟に加わったことがある。政府には言っても何も変わらないから無駄だと思う。(「一番つらかったことは?」の問いに)自分もつらかったが村に残った人はもっとつらい思いをしたと思う。

(2015年聞き取り)

〈註〉　大町市遺族会『戦没者追想録』(大町市遺族会、1988年)に、「平林與市(昭和4年11月24日生)昭和20年7月27日学徒動員で昭和電工大町工場で作業中事故死」とあり、姉は以下のように語っている。「旧制大町中学四年の夏、勤労動員学徒で昭和電工で作業中、不慮の事故で他界しました。勉強好きな素直な弟で、友人に愛され級長でした。将来は医師か軍人になりたかったようです。(以下略)」

木曽の発電所

（朝鮮人・中国人）

木曽地域の三浦貯水地堰堤工事と2つの発電所（御嶽、上松）建設工事

概　要

　長野県木曽地域は島崎藤村の『夜明け前』の一節に「木曾路はすべて山の中である」と紹介されているように、木曽川に沿って伸びる山間の地域である。また木曽ヒノキや木曽漆器でも知られる林業の地でもあり、国有林からの木材搬出のために作られた森林鉄道（林鉄）^{（註1）}は総延長 400km に及び、木材の搬出だけでなく住民の移動や生活物資の輸送にも利用された。

　木曽川は日本有数の豊かな水量を誇る大きな河川である。

　アジア太平洋戦争前、名古屋電燈による 1911 年八百津発電所（岐阜県）から始まった木曽川の発電事業は、「1 河川 1 会社主義」を唱えた福沢桃介（福沢諭吉の娘婿）が大同電力株式会社の初代社長に就任したことで加速し、今渡発電所（岐阜）が建設された 1939 年までに計 11 カ所の発電所が建設された。中部にとどまらず関東や関西におよぶ送電網が作り上げられた。その後 1939 年 4 月 1 日、国策企業である日本発送電株式会社（1939-1951）の登場により、その管理下で、三浦貯水池、三浦発電所、御嶽発電所、上松発電所が国策事業として建設が進められた。アジア太平洋戦争が起こると、東海地方などの軍

御嶽発電所。落水管左側の帯状の削られた部分は、当時の工事資材をけん引した跡（撮影：小島十兵衛）

124

需工場へ電力を供給する重要な役割を担った。戦後は日本発送電の解散に伴い木曽川水系の発電事業は関西電力が引き継いでいる。

アジア太平洋戦争前の木曽川における発電所工事への朝鮮人労働者動員について、2018年に広瀬貞三福岡大学人文学部教授が発表した論文「戦前の木曽川水系における発電所工事と朝鮮人労働者」の中で紹介されている。

岐阜県から長野県にまたがる木曽川の発電所工事に、初めて朝鮮人労働者が現れたのは賤母発電所工事（当時・長野、現・岐阜、1919年竣工）であ

工事中の御嶽発電所（1944年10月当時、「霊川の流れは永遠に」編集委員会『霊川の流れは永遠に　殉難中国人の魂にささぐ』〈木曽谷発電所建設殉難中国人慰霊碑建立実行委員会、1983年〉から転載）

り、その後、1939年竣工の今渡発電所（岐阜）までに11発電所が建設され、朝鮮人は8発電所建設（賤母、大桑、須原、桃山、読書、大井、落合、今渡）工事に建設労働者として従事していたという。動員された朝鮮人労働者の数は資料がなくわからないが、広瀬は木曽川水系の発電所工事には1921〜23年にかけて約5000人にのぼる朝鮮人が動員されていると指摘している。大桑発電所（長野、1921年竣工）工事を請け負った飛島組の現場では朝鮮半島から集団で朝鮮人が導入された。

木曽川水系の発電所工事では大井発電所（岐阜、1924年竣工）で31人、笠置発電所（岐阜、1936年竣工）で19人、寝覚発電所（長野、1938年竣工）で38人、今渡発電所で13人の101人の工事犠牲者が確認されるが、その民族別内訳はわからないという。

広瀬は、賤母発電所をはじめとする7件の発電所工事を請け負った飛島組の配下や統率下にいた日本人と朝鮮人労働者は、木曽川を移動しながら発電所

工事に従事したと思われると指摘しており、御嶽発電所工事にも動員されているとも考えられる。

国策事業としての発電所工事

三浦貯水池堰堤工事と三浦発電所工事を1937年に間組が大同電力株式会社から受注し、翌年工事が始まったが、国策企業日本発送電の発足により1939年からはその管理下に置かれた。これが木曽川における水力発電の国策事業の最初であった。

堰堤工事は1942年10月2日にすべての工事が完了し10月8日に三浦貯水池湛水開始式典が開かれた。当時の塩原時三郎電気庁長官が「この水はやがて電力となって、鉄砲や飛行機や船舶に変わって、米英撃滅、大東亜戦完遂のお役に立つこととなるのであります」（間組百年史編纂委員会『間組百年史 1889-1945』間組、1989年、以下『間組百年史』）と述べている。

さらに、1942年に御嶽発電所、43年に上松発電所の建設工事が始まって名古屋方面の軍需工場へ電力を供給する重要な役割を担うことになる。

御嶽発電所は多くの支流から取水し、229mの落差を利用し電力を得る落水式である。発電所に水を運ぶ導水路は王滝川水系と西野川水系とあわせて総延長約34kmに及び、取水口は20カ所を数える（次頁「木曽地域の発電所工事概略図」参照）。

御嶽発電所の工事は、王滝川水系では第1工区の隧道工事を間組、第2工区の隧道工事を飛島組、第3工区は水槽、鉄管路、発電所本体工事を鹿島組が請け負い、それぞれ朝鮮人と中国人が動員された。西野川水系は隧道工事を熊谷組が請け負い、朝鮮人が動員されていた。

御嶽発電所関係の作業所の中で熊谷組だけは中国人がいない。1944年4月10日の日本発送電御嶽水力発電所建設所長石川栄次郎が、当時の建設局名古屋出張所とのやり取りを記録した資料の中で、「熊谷組へ割当てられたる華人労務者500名を鹿島組にて請入れせざるや……」といったやり取りがある。結果熊谷組割り当て予定の中国人は鹿島組作業所に組み込まれたと考えられる。

上松発電所は、以前からあった上流の寝覚発電所に取水口を設け、標高差21mの導水路を利用して発電する流水式である。大倉土木が請け負い、多くの朝鮮人と中国人が動員された。

木曽地域全体で、記録によれば6000人近い朝鮮人と2000人余りの中国人が動員されている。朝鮮人の数は正確な資料がなく人数はもっと多いことも考えられる。

木曽地域の発電所工事概略図

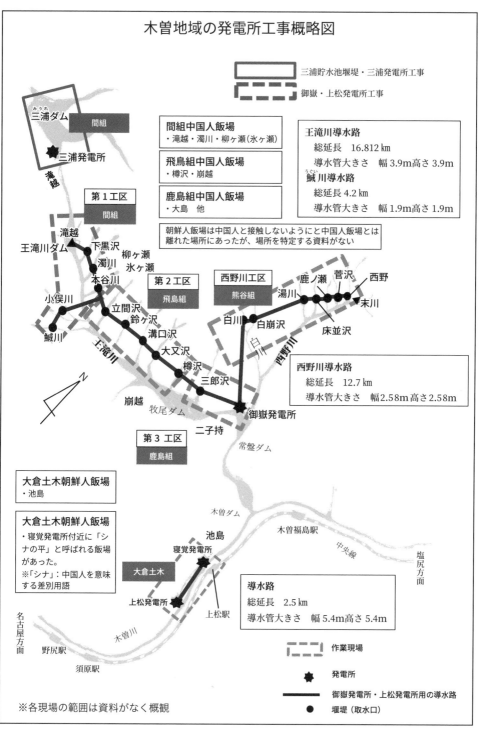

三浦貯水池堰堤・三浦発電所工事

御嶽・上松発電所工事

間組中国人飯場
・滝越・濁川・柳ヶ瀬(氷ヶ瀬)

飛鳥組中国人飯場
・樽沢・崩越

鹿島組中国人飯場
・大島 他

朝鮮人飯場は中国人と接触しないようにと中国人飯場とは
離れた場所にあったが、場所を特定する資料がない

王滝川導水路
　総延長　16.812 km
　導水管大きさ　幅3.9m高さ3.9m
鰍川導水路
　総延長　4.2 km
　導水管大きさ　幅1.9m高さ1.9m

三浦ダム　間組
三浦発電所
滝越

第1工区　間組
滝越
王滝川ダム
下黒沢
濁川
本谷川
柳ヶ瀬
氷ヶ瀬
小俣川
立間沢
鈴ヶ沢
鰍川
溝口沢
大又沢
樽沢
三郎沢

第2工区　飛島組

西野川工区　熊谷組
鹿ノ瀬　菅沢　西野
湯川　末川
白川　白崩沢
床並沢

西野川導水路
　総延長　12.7 km
　導水管大きさ　幅2.58m高さ2.58m

御嶽発電所
崩越
牧尾ダム
二子持

第3工区　鹿島組

常盤ダム

大倉土木朝鮮人飯場
・池島

大倉土木朝鮮人飯場
・寝覚発電所付近に「シナの平」と呼ばれる飯場があった。
※「シナ」:中国人を意味する差別用語

池島
寝覚発電所
大倉土木
上松発電所
上松駅

木曽ダム
木曽福島駅
中央線
塩尻方面

導水路
　総延長　2.5 km
　導水管大きさ　幅5.4m高さ5.4m

名古屋方面
野尻駅
須原駅
木曽川

作業現場
発電所
御嶽発電所・上松発電所用の導水路
堰堤(取水口)

※各現場の範囲は資料がなく概観

127

朝鮮人の労働実態——三浦貯水池堰堤と三浦発電所工事

　三浦貯水池堰堤工事は、大同電力が「木曽川開発の締めくくりの工事」（『間組百年史』）として間組に発注。間組が1937年11月の三浦索道建設工事など一連の三浦貯水池堰堤工事と三浦発電所工事も受注し1945年1月に及ぶ長期工事が始まった。三浦平と呼ばれる盆地に王滝川形成の基となる4つの支流をせき止め、有効貯水容量5574万9000㎥（東京ドームの約4.5倍）、周囲は約26kmに及ぶ当時国内最大規模のダム湖を作るものだったと『間組百年史』には記録されている。工事は1939年4月、大同電力から日本発送電に引き継がれ国策事業として軍需産業を支える発電所建設へと、その目的を鮮明にした。

　三浦貯水池の工事予定地は王滝川上流の帝室林野局が管理する皇室の御料地内にあった。御料地ということもあり着工当初、林野局や日本発送電から、工事には「全員内地人を使用するように」との命令があり全国から日本人労働者が集められた。

　『間組百年史』によれば、1937年に始まった日中戦争により労働力不足が深刻化していくなか、軍需用電力確保のために工期の厳守を命じられ労働力不足を補うため、林野局の許可を得て1939年11月以降3回にわたって合計で朝鮮人労働者約1000人を移入し、工事を進めたとある。

　朝鮮人の争議も起きている。『村誌王滝』（王滝村編著・発行、1961年）には、1940年1月30日に、脱走した2人の朝鮮人（脱走の経緯と日にち不明）を裸にして雪中に立たせたことを契機に、「約150人の朝鮮人が看守を襲った」とある。争議は4日間続き300人以上の朝鮮人が参加したとある。

　右頁の上の表を見ると雇入承認数に対して雇入総数は70〜90％近い人数であるが、実際に調査時に残っていたのは50％以下である。多くの朝鮮人が逃亡あるいは死亡したと考えられる。

　1951年、三浦貯水池堰堤脇に殉職者慰霊碑が建てられた。慰霊碑には「工事殉職者は33名で、うち3名が朝鮮人で金本・金又・金光姓である。中国人は7名で李・蘇・崔・朴姓の名がある……」と書かれている（前掲『村誌王滝』）。しかし、この工事に中国人を使役したという資料がなく確証を得ることができていない。

朝鮮人の労働実態——2つの発電所（御嶽、上松）建設工事

　木曽の発電所工事には朝鮮人が動員されており、1990年に日本政府から韓国側に渡された「厚生省名簿」では「官斡旋」と「自由募集」が記録されている。

　動員された朝鮮人のうち名前が確認できるのは鹿島組の「自由募集」と記さ

朝鮮人労働者の移入予定数及び実数

	1939年承認数	1940年承認数	1941年承認数	計	1942年	
					雇入総数	現在数
					3月末	3月末
					6月末	6月末
間組三浦貯水池御嶽出張所	500	300	300	1100	800	382
					959	452

「移入朝鮮人労務者状況調査（中央協和会、1942年）」（朝鮮人強制連行真相調査団『強制連行された朝鮮人の証言』明石書店、1990年より作成）

朝鮮人労働者の移入状況

請負会社		移入者数			
		「自由募集」	「官斡旋」		逃亡者数
			雇用人員	計	
御嶽発電所関係	鹿島組	1763	1942年　200	910（死亡20）	566
			1943年　300		
			1944年　410		
	飛島組		1942年　194	461	330
			1943年　99		
			1944年　151　17		
	間組	400	1943年　356	836（死亡7）	155
			1944年　480		
	熊谷組		1943年　430	748（死亡4）	412
			1944年　318		
上松発電所関係	大倉土木		1943年　372　転入　216	866	477
			1944年　174　転入　104		
計		2163		3821（死亡31）	1940

「厚生省名簿」より作成

れている 1763 人中の 112 人だけである。また官斡旋総数の 50％余りが逃亡
しているのがわかる。

　これらの朝鮮人労働者の数字は、戦後の調査であり、一部を除いて名簿もな
くすでに帰国をした者、他の地域へ移動した者もおり実態は把握されていない。

　朝鮮人の労働実態について、長野県強制労働調査ネットワークは韓国の政府
機関である「対日抗争期強制動員被害調査及び国外強制動員犠牲者等支援委員
会」（略称「韓国支援委員会」）などの協力で証言を得ることができた。証言を
得られたのは御嶽発電所の鹿島組 1 人と間組 2 人である。日本への移送には
釜山や麗水の港が利用され、下関経由で現場に連行された。

　木曽地域の発電所工事は主に隧道工事と発電所本体の建設だった。

　隧道工事は支流と支流の両側からダイナマイトで爆破し掘り進め、爆破した
岩くずはトロッコで運び出した。現場は活火山である御嶽山の火山灰が降り積
もったところで、掘ってもすぐに崩れてしまうような難工事で昼夜 2 交替の
突貫工事であった。

朝鮮人の証言

　韓国への聞き取り調査などで得た朝鮮人の証言を紹介する。

■ 辛沃善（1917 年生まれ、現場：鹿島組御嶽作業所）

　1944 年の夏（旧暦で 6 月 7 日）面事務所から「徴用令状」をもらった。令
状は文字が読めないので読んでいない。面から 25 人行った。釜山から下関ま
で船で行き、下関から 44 カ所の駅を通って木曽に行った。到着した駅のそば
に「クリサワ」という鉄橋があった。作業所に来て初めて鹿島組の現場とわか
った。現場で働いているうちに朝鮮人は 700 人ぐらいいると知った。中国人
も同じぐらいいた。

辛沃善（撮影：松本強制労働
調査団）

　「新本」という朝鮮人が監督をしていた。給料
はもらったが新本がピンハネしたので少なかっ
た。食事代も取られた。

　1 日 60 回ぐらいセメントと砂をこねる仕事で
きつかった。途中で風呂焚きの係にしてもらった。
1 つの部屋に 10 人ぐらいが寝た。現場には監視
として憲兵が 1 人いた。現場では金属類に押し
つぶされたりして何人かが死んだ。板の間で毛布
が 2 枚、寒かった。戦争中の待遇は日本人が 1 番、
朝鮮人が 2 番、中国人が 3 番という順番だった。

とても記憶にとどめておきたくもないひどい目にあった。なにも誇りになるわけでなく子どもたちに話すことはしなかった。（2001年聞き取り）

姜信浩（撮影：松本強制労働調査団）

▪ **姜信浩**（カンシン ホ）（1925年生まれ、現場：間組御嶽作業所）
京畿道富川市（プ チョン）ソーサ町に住んでいた。6人家族で、父母と4人きょうだいだった。1941年4月、16歳の時に「募集」とは名ばかりで無理やり連れていかれた。「徴用帖」があった。富川から60人ぐらいが連れていかれた。釜山から下関を経由して長野に行った。木曽であることは働いている間にわかった。

中国人捕虜が、病気（皮膚病）にかかった時は病院に連れていったり、通訳らしきこともした。日ごろは中国人とは飯場が離れていて交流はなかった。

飯場は三角兵舎で山の中にあった。中央に通路があり、両脇に並んで寝た。朝鮮人夫婦が世話をしてくれた。食事は米のごはんで、たくわんとみそ汁がつき1日3食だった。時にはワラビを摘んできて入れたりジャガイモを作ったりした。衣服は間組のしるしの入った半纏（はんてん）に、地下足袋、巻脚絆（まききゃはん）だった。1年過ぎたころ配給用の伝票をもらい、服や米も買えた。

日本の敗戦は知らずに働いていたが、銭湯で日本人から聞いたり、中国人の捕虜が万歳と言ったので知った。戦後稼ぐために2年間日本に残った。農業をしたり木曽から出て日本のあちこちに行った。和歌山のみかんを長野で売ったりもして、10万ウォン持ち帰った。22歳で帰国して盲腸の手術を受けたり、軍隊に7年間入ったりした。27歳で結婚、現在はソウル特別市で夫婦2人暮らし。（2012年聞き取り）

▪ **張熙錬**（チャン ヒ リョン）（1926年生まれ、現場：間組御嶽作業所）
15歳頃、国内動員があったが、小さいため父親が代わりに朝鮮北部へ9〜10カ月間行った。父は帰郷後すぐ亡くなった。1943年4月に「徴用」があり、長男は農業をするので、18歳だった次男の自分が行った。当時母と兄とが残った。姉はすでに嫁いでいた。日本軍から面に徴用があったので、軍隊に行くものと思っていた。場所や仕事の内容は何も知らされなかった。麗水から下関を経由して長野県木曽の間組の作業所へ連行されるまで、どこに連れていかれるかわからなかった。作業所ではトンネル掘りの作業に従事した。

トンネルは両側から掘り、削岩機を使いダイナマイトで爆破した岩くずをト

張禩錬（撮影：松本強制労働
調査団）

ロッコに乗せて運んだ。岩をトロッコに乗せる作業中、落ちた岩が指に当たり1週間入院した。作業は8人ぐらいで行った。機械を扱う人が2人、手元（てこ）と呼ばれる補助が2人（ダイナマイトも扱う）、運搬する者が4人だった。飯場には20〜30人ぐらいいて、朝晩交替で仕事をしていた。

　宿舎は三角兵舎で真ん中に通路、両側に寝た。食事はおかずが2つ3つあり、仕事をするためにいっぱい食べた。宿舎の管理や食事の世話をするのは朝鮮人だった。風呂はドラム缶の風呂。給料も少しはもらったが、使うところもなかったのでどうなったかわからない。

　中国人の捕虜たちは、高いところなど危ない仕事をさせられていたようだ。中国人が殴られるのを見たことがある。彼らは、顔も洗っていないみたいだったし、中国人にはご飯を食べさせなくて、黒いパンみたいなのを食べさせていた。洗濯もしないし真っ黒で、すごく汚かった。中国人のおじいさんと話したこともあり、「捕虜で来た」「むりやりつれてこられた」と言っていた。中国人から「タバコヲクレ」「ハヤクハヤク」「ユックリユックリ」とか「アナタ、ボク」といった意味の中国語を教えてもらった。

　1945年6月に作業は終了し、次に行く所も決まっていたが、行く前に戦争が終わった。（2012年聞き取り）

• 楊秉斗（ヤンビョンドゥ）（1917年生まれ、現場：熊谷組御嶽作業所）

　（朝鮮人強制連行真相調査団『朝鮮人強制連行調査の記録　中部・東海編』〈柏書房、1997年〉から抜粋）

　（前略）1943年7月中旬（26歳）のことだ。その年は雨が少なくて田植えが遅れていたので、近所の田植えを頼まれて、4、5人の女の人たちと手伝っていた。そこへ日本人の巡査が来て私に用があるから来いという。ついていくと留置場に放り込まれた。そこにはすでに5人ぐらいの男の人がいた。「田植えをするのに何の罪があるのだ」と言って暴れたら、手錠をはめられた。（中略）翌日（だったと思う）、トラックで全羅南道の麗水港に連れていかれ船に乗せられ、ようやく手錠を外された。（中略）長野県の木曽福島からバスで黒沢に行く。名簿につけるための写真を撮られ、森林鉄道で開田村まで登っていった。柳又という所で、全羅南道高興郡出身の70人ぐらいの人たちと一緒にダム（取水口）工事に従事させられる。「熊谷組」だった。三岳村（みたけ）までの15キロの間に、

トンネルが７つか８つあり、１年半ぐらいで荒工事が終わった。

11月の半ば頃、仲間の 鄭 淳学氏が逃げようとしたが捕まり見せしめに裸にされて４斗樽に入れられた。みんなが飯場に戻ってくると、何人かの監督が鄭氏にバケツで水をかけろと命令し、言うとおりにしないも

楊秉斗。腕を殴られたため骨が折れて曲がっている（『朝鮮人強制連行調査の記録　中部・東海編』から転載）

のは殴る。飯も喰わさん、お前たちも逃げるとこうなる、と脅した。監督の１人は「たしまとくじろう」、その下の監督は「うめもと」だったのを覚えている。

雪はよく降るし、仕事が辛かった。仕事の途中、腰が痛くて立ったら、「馬鹿野郎、何やってるんだ」といって、つるはしの柄で殴られて左腕の骨が折れた。今も曲がっていて腕を上に挙げられない。監督はみんなつるはしの柄を持っていた。方々の飯場で逃げる人がたくさんいたよ。逃げる途中、谷に落ちて死んだ奴、水にはまって死んだ奴、捕まって死んだ奴……数えきれないよ。

（1994年、朴明子聞き取り）

■金永培（1922年生まれ、現場：熊谷組御嶽作業所）

（朝鮮人強制連行真相調査団『朝鮮人強制連行調査の記録　関東編1』〈柏書房、2002年〉から抜粋）

私は1942年10月頃、21歳の時に21人の同胞とともに日本に連れてこられた。（中略）私は隊長１名班長２名の日本人に連れられ関釜連絡船に乗せられた。船の中では部屋の外からカギを掛けられ便所に行く以外は部屋から出ることはなかった。（中略）汽車を乗り継ぎどこをどういったのかは定かでない。発電所の整地作業をすることになり、木曽の御岳山に移動させられ水力発電所のトンネル工事をやらされた。木曽での生活はとてもつらかった。

そこでの仕事は危険きわまりなく、そそり立つ崖っぷちをのぞきこみながらの作業であった。食事といえば木箱にスプーン２杯ぐらいの雑穀混じりの麦飯であった。当時監督は「朝鮮人には腹いっぱい食わせるな、食わせると仕事がはかどらない」と言っていた。（中略）40度の高熱で倒れている病人に対して、医者が休ませるように言ったにもかかわらず、現場へと追い立て棍棒で殴

金永培（『朝鮮人強制連行調査
の記録　関東編１』から転載）

り死に追いやったのである。そいつは良心などは
かけらも持ちあわせず遺体は放置されたままであ
った。（中略）ある日のことあまりの寒さに耐え
きれず、私は作業から飯場に戻ってきた。そして
私は点呼のあと、林監督に尋ねた。「故郷からの
手紙ももらえず送れず、地下足袋も支給されず、
死んだ者は捨て置かれる。いったいどうなってい
るんですか」と。するとやおら立ち上がった林
はメチャクチャに私を殴り始めた。私は隅に転が
っていた木枕を持ち反撃に出た。（中略）私とと
もに当時創氏改名により大島と呼ばれていたもの
も一緒になって歯向かった。（中略）私は日ごろのうっぷんを思う存分晴らし、
木材を運ぶトロッコに乗り大島と逃げ出した。夜中の 11 時頃、終点に近づい
た時に我々が目にしたものは、手に手に棍棒と刀を振りまわす消防団と警察隊
で、腰が抜けそうに驚いた。線路の上に膝まずかされ尋問を受け、配給所まで
連れて行かれると、そこには工事を請け負っていた熊谷組の親方が来ていた。
（中略）それからが地獄だった。林は私たち２人を殴り始め、我々は気を失っ
た。翌日連れていかれたのは警察のブタ箱だった。(中略)夕方飯場に戻ると我々
の飯はなかった。私はどうせ故郷に帰れないのだと思い、わずかな金をはたい
て酒を買い、飲んで歌って騒いだ。それから班長に呼ばれ、林の前で床下の雪
解け水が流れる中に２人して座らされた。（中略）それからのリンチはすさま
じいもので、最初にやられたのは大島で息も絶え絶えで死ぬのではないかと思
った。次に私をめがけてきたとき、私は素早く棍棒を取り上げ、それでおもい
っきり奴をぶったたき、またもや逃げ出した。（中略）夜中に部屋に入ったが、
朝の点呼に呼び出され、ツルハシの柄で体全体がドス黒くなるまで殴られ、そ
の場にくずれるように倒れたのだった。それから 10 日間、我々は生死の境を
さまよいながら捨て置かれた。（1997 年、鄭 玉珠聞き取り）

中国人の労働実態

　「外務省報告書」を手掛かりに、中国人研究者の協力を得て行った中国での
聞き取り調査や、1997 年の提訴から 2011 年の最高裁判決までの長期間に及
ぶ中国人強制連行・強制労働損害賠償請求訴訟（略：中国人強制連行長野訴訟）
の裁判の中で強制連行や強制労働の実態が明らかになってきた。
　木曽に強制連行された中国人たちは軍隊のように組織され指導員（日本人か）
の管理下で過酷な労働下に置かれた。

間組御嶽作業所の事例では、400 人規模を前提に（大または総）隊長 1 人、中隊長・書記 4 人（100 人につき 1 人の割合）、班長 15 人（25 人につき 1 人を標準）、炊事班長 1 人、炊事夫 14 人（25 人につき 1 人を標準）の構成であったと記録されている（筆者註：作業所ごとの中国人の数の増減で選ばれる人数は変化する）。

作業所内での日本人、朝鮮人、中国人の配置は、鹿島組の報告では日本人

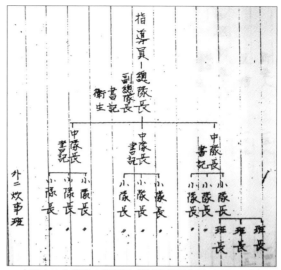

中国人の作業隊の組織図（「外務省報告書」所収の「鹿島組御嶽作業所報告」から転載）

は技術者が多く鹿島組配下（直属）扱いに、朝鮮人は「自由、徴用とあり、いずれも配下に属し」とあるが「徴用」された朝鮮人は飯場頭の指導・監督下におかれていた。中国人は「独立の宿舎に収容、朝鮮人とは隔離し同一作業場に就労せしめざるよう注意す」とあり、中国人への徹底した管理ぶりがわかる。

「外務省報告書」では大倉土木上松作業所における労働の内容は、蓋梁工事（掘削、硝〔石屑〕出し、コンクリート練り、運搬、打込み、骨材採取運搬、材料運搬）、隧道工事（コンクリート運搬、材料運搬、坑内硝〔石屑〕出し）、発電所工事（硝〔石屑〕出し、コンクリート運搬、材料運搬）とある。おおむね各作業所の作業内容は同じと思われる。

以下に各作業所の報告と合わせて、松本強制労働調査団が 1995 年から 10 回以上、中国への聞き取り調査を実施し、延べ 70 人余りの中国人から聞き取りした証言、そして中国人強制連行長野訴訟の裁判での証言の中からいくつか紹介する。

間組御嶽作業所（第1工区）

ここは他の現場に比べて中国人労働者の死亡者が群を抜いて多い現場である。全体の死亡率の平均が約 8.9% に対し、間組の現場では死亡率は 13% 近くに上る。

間組は 1942 年 10 月に御嶽発電所建設命令が出て工事を始め、飯場は滝越、

木曽地方の発電所工事への中国人強制連行数及び配置数

(「外務省報告書」より作成)

第1工区 間組御嶽作業所（隧道工事）

事業所移入日	移入数	死亡数	移動転出先と人数	
1944.4.8　中国より	370	74	1944.12.22　北海道地崎作業所	2
1944.12.30 　鉄建信濃川間作業所より	182	13	1945.4.15　間組瑞浪作業所	169
			1945.5.5　間組瑞浪作業所	161
1945.1.28 　鉄建信濃川西松作業所より	171	5	1945.6.12　間組戸寿作業所	125
移入者計	723	92	移動転出計	457

第2工区 飛島組御嶽作業所（隧道工事）

事業所移入日	移入数	死亡数	移動転出先と人数			
1944.5.29 中国より	293	20	1945.5.20 飛島組川辺作業所	270	1944.12.22 地崎北海道作業所	3
移入者計	293	20	移動転出計			273

第3工区 鹿島組御嶽作業所（隧道及び発電所工事）

事業所移入日		移入数	死亡数	移動転出先と人数		その他（※）		
第1次	1944.5.13 中国より	289	5	1945.6.7 鹿島組 各務原作業所	365	1945.8.31　3 1945.9.2　1 1945.10.12　4		8
第2次	1944.10.20 中国より	100	9					
第3次	1944.10.29 中国より	313 （移送中死亡3）	30	1945.4.24 鹿島組 藪塚作業所	276			
移入者計		702 （含・移送中死亡3）	44	移動転出計	640			

※木曽谷事件で留置場に収監されていた中国人が戦後釈放され各務原にいた原隊に復帰した数

大倉土木（現・大成建設）上松作業所（隧道及び発電所工事）

事業所移入日	移入数	死亡数	移動転出なし
1944.7.25　中国より	299	23	
移入者計	299	23	

濁川、柳ヶ瀬にあった。濁川の飯場は、1944 年に鉄砲水が出て流され、その後 氷ヶ瀬に移動した。

『間組百年史』の中に「工事に着手したものの、現場の地質が予想以上に悪くたいへんな難工事となった。現場の各所に火山灰の層があり、掘った直後は安定しているが、やがて水が出てきて火山灰は水に溶けドロドロになる。支保工（坑道などを掘る際、岩盤の崩れを防ぐ仮設構造物）をやっても灰のためにじりじり沈んでしまう。（中略）いくら掘っても翌日になるとふさがってしまい、あたかも底の抜けた 杓 で水を汲むようなものであった」と記録されている。また、「こうしたまれにみる難工事に直接従事したのは、中国から『俘虜』として強制連行された中国人と、やはり強制連行されてきた朝鮮人であった。食糧難と資材難、さらには難工事という幾重にも重なった悪条件のため、犠牲者は実に多かった」とも書かれている。

湧水がひどく深い水のところで働き、衣服はすぐびしょぬれになった。雨の時でも底にゴムを張った靴（地下足袋か）と、中国から持ってきた綿入れの中国服と夏服しかなかった。

トンネル工事は 10km の導水路に 5 カ所の隧道工事個所があり、それぞれのトンネルの両端から掘っていった。トンネルは、ダイナマイトで爆破し、砕石（ズリ）などをトロッコで運んだ。

中国人から「朝鮮人はちょっと威張っており、日本人にも朝鮮人にも監視されていた」という証言もあった。中国人内部でも労働・待遇条件をめぐって次のような事件も発生している。

「外務省報告書」では間組作業所に新潟から転入（第 3 次）してきた中国人が「隊員 5 名相謀りて大隊長を謀殺せり。原因は移入時の大隊長指名による幹部選定問題に起因」するという中国人内部の事件を紹介している。この事件について信濃毎日新聞連載記事「友好へのかけ橋に—中国人殉難者の記録—②」（1973 年 2 月 2 日付）で「各工事現場は、2 ～ 30 人単位で、それに中国人の"小隊長"がつき、さらにこれを中国人の"大隊長"が統括していた。（中略）彼はちょっとした不注意にも、『減食』処分を出した。1 日 3 本と決められていたはずのたばこも、2、3 日に 1 本しか支給しなかった。こうして浮かした食料やたばこを日本人への贈り物にするなど"横流し"した」として、この背信行為に怒った隊員たちが計画をして大隊長を制裁し火葬したと中国人の証言を紹介している。この事件で 20 数人が警察に連行され 5 人が逮捕された。間組の作業所報告によれば逮捕者は秋田刑務所に収容され、日本の敗戦により戦後釈放されたことになっている。

この現場では次のような証言がある。

▪ **傳洪儒**（年齢不詳、現場：間組御嶽作業所、1945年6月、間組戸寿作業所へ移動）

　農民だったが河北省塩山県で70人ほどが一緒に捕まった。塘沽から貨物船で大連を経由して8昼夜で神戸に着いた。汽車で長野県の王滝へ強制連行された。森林鉄道で「大鹿」という駅で降ろされた。

　昼夜2交替で深い水のあるトンネルを掘らされた。最初は露天で掘り、だんだんと山の方へ行き、爆破して出た石をトロッコで運ぶ。トロッコは、ある時引っ張ることができなくて、下に落ちて頭や足を怪我した。またトロッコに2人が乗っていて山の下に落ちて、頭をひどくぶつけて死んだ。

　底にゴムを張った靴（地下足袋か）と綿入れの中国服と夏の服装だけで他に何もなかった。監督は日本人で、点呼は「1、2、3、4……」と言わされ、休みはなく1日に1語の日本語を覚えさせられ、覚えられないと平手打ちされた。工事があるときは1日3食で、1食に蒸しパン2個、おかずはなく湯だけだった。200人ほどが三角兵舎のような窓もないひとつの部屋に入れられた。

　病気になって監視に言うと病棟には入れられるが医者はいない。蒸しパンかうどんはもらえるが治療はしてくれない。死を待つしかなく、死ぬと4人まとめて焼かれた。（1996年聞き取り）

▪ **崔鳳山**（年齢不詳、現場：間組御嶽作業所、1945年6月、間組戸寿作業所へ移動）

　河北省塩山県に住んでいた。日本人が設立した維持会があり、その維持会から華人労務者が募集された。行く前に私の家族に、100kgの栗（小麦）を、そして毎月29斤（14.5kg）の栗（小麦）をくれるという約束があった。しかし帰国後に聞いたら全く約束は守られていなかった。「募集」された後1944年3月頃塩山から塘沽へ連れていかれ、鉄線の網で囲まれた宿舎に入れられた。大連を経由して8日8晩かかって神戸に着いた。神戸から汽車で木曽へ、森林鉄道で「大鹿」という駅に着いた。

　仕事はトンネル掘りで、セメントを扱ったり爆破作業をした。1年目は死亡者が少なかったが、2年目はとても多く死亡者が出た。私は死体を焼く仕事で、1カ月に32人焼いたことがある。

　食事は、7割は米ぬかで、3割は小麦粉とどんぐり粉の蒸しパンだった。しかし大隊長たちが小麦粉などを食べてしまい、自分たちの1食は米ぬかの蒸しパン2個だけだった。満腹にならないので山菜など採って食べた。大隊長は、病気などになって休みを申し出ても、わけも聞かず怒鳴り殴る。さらに食事係に「今日は食べさせるな。食べさせたら責任を取らせるぞ！」という。そのせいで栄養失調→病気→殴られる→飢餓→死亡という形が多かった。大隊長との

確執が深まり、数人の中国人が彼に制裁を加え殺害をした。（1996年聞き取り）

▪ **後藤まさ**（証言時50歳、現場：間組御嶽発電所）

　私は炊事場にばかりいたので、外のことはわからないが、当時ボーイとして15歳の崔長海という少年がいた。あまり不びんなので飯のコゲたところをにぎって与えた。組のものにみつかるとひどく叱られるので、こっそりやったが、その子が敗戦後国に帰ってから3回も私のところへ手紙をくれた。そのころの中国人の着物はみじめなもので、ズボンはヒザまで切れて中には寒中ハダシで歩くものも少なくなかった。滝越では冬は平均零下12度、ときには20度に下がることもあったが、みんな薄い毛布1枚で板の間に寝ていた。

　作業時間は朝6時から夕方6時ごろまでやっていた。御嶽ではひどくいじめてトンネルの中へ死んだ人を入れたという話を聞いている。また田島では営林署の人の着物を盗んだといって電柱にしばりつけ、なぐったすえにどこかへつれていってしまったこともきいている。そのほかのことはもう忘れてしまったが死んだ人は滝越では10数人はあったと思う。あのときの少年は保定に帰ったがもう一度会ってみたい。

（田中宏他『資料中国人強制連行の記録』明石書店、1990年より要約）

▪ **横野くま**（証言時72歳、現場：間組御嶽発電所）

　生家から1キロメートルくらい王滝川をさかのぼった所に、氷ヶ瀬という場所があり、そこに間組の飯場があった。そこには中国人もいれば、朝鮮人もいた。ただ、飯場は200mから300m離れていた。朝鮮人の宿舎は日本人の宿舎のそばにあり、中国人の宿舎は王滝川の河原にあり、1度大水が出た時は大変だったようだ。中国人の飯場と朝鮮人の飯場の間には、道路の下に材木置き場があり、製材所もあった。セメントの倉庫も近くにあり、村の人は破れたセメント袋からたまに少量失敬していた。作業で使う物資は林鉄（森林鉄道）で運んだり、馬を使って運んでいた。材木置き場の上に台地上の場所があり、そこに2階建ての事務所があった。そこには朝鮮人・中国人は立ち入りを許されていなかった。

　朝鮮人・中国人は「たつまんさ（立間沢）」という所まで山道を登って行き、隧道を掘っていた。中国人たちは、夏は上下紺色の長袖姿で、冬は綿入れを着ていたように思う。

　以上のことは、当時馬のえさにするため、早朝から草刈りに行っていたので、その度に飯場の上の道を通って行ったから覚えている。

　その間組の現場責任者を永竹さんといい、よく生家に酒を飲みに来ていた。

大変良い人だったが、敗戦後中国人が彼を糾弾するという噂があり心配した。幸い彼が危害を受けるということはなかった。

（1995年聞き取り、横野秀昭「長野県木曽高等学校開放講座／第3回木曽戦時下の外国人強制労働の歴史1」より抜粋）

飛島組御嶽作業所（第2工区）

　この現場は隧道掘削作業、土石搬出、コンクリート用砂利や骨材採取、雑役などが主な作業だった。飯場は、樽沢と崩越にあった。

　中国の青島港から鉱石の上に乗せられて293人が日本へ連行された。

　隧道掘削で生ずる土石を運搬するという1日12時間・2交替の重労働を強いられた。隧道の内部は水が滲出し溜まっていた。みの傘を着ていたがとても寒かった。監督や監視人がどなったり、少しでも休んでいるとスコップやつるはし、鉄の棒などで背中をたたかれ、拳で殴打するため、たたかれて怪我したりした。

　あまりにも待遇の悪い環境に、この現場でも抵抗運動の計画が持ち上がったが、事前に発覚して失敗に終わった。首謀者3人はより厳しい北海道の事業場へ移され、残った人も拷問を受けた。

　食事は小さなマントウが1回に2～3個だけだった。宿舎も雨が降ると水浸しになるような状態のなかで寝るしかなかった。休日は全くなく、病気で休むとマントウをもらえず食事も汁しか支給されなくなるため、無理して働いた。食糧事情の悪さに加え、寒い冬でも粗末な衣服しかないという過酷な環境もあり耳が聞こえなくなったり、結核・失明・皮膚病などになる者も多く、しかも病気になっても治療もされなかった。

　以下に中国人と日本人の目撃証言を紹介する。

■ **蒼欣書**（1926年生まれ、現場：飛島組御嶽発電所、当時の隊組織の中隊長）

　八路軍にいて捕虜となる。1944年5月、北京の西苑捕虜収容所から青島へ301人が連行されたが移動中の汽車では座ることだけしか許されず50～60人の軍隊が実弾の入った銃を構えて監視していた。移送される際、青島では倉庫の2階にあった窓もドアも板を打ち付けられた、しゃがむことができないような状態で監視され、5人が窒息で死んだ。その後、下関へ船で連行された。乗せられた船は、貨物船「昭華丸」と言い、山のように積まれた鉱石の上や隙間に寝かされ具合を悪くするものが多く1人が死んだ。下関についたとき2人が海に飛び込み1人が死んだ。助かった1人も御嶽作業所へ移送中の列車の中で死んだ。

　飛島の現場ではトンネル掘りが仕事で毎日昼夜交替、12時間働いた。トンネルの中は水浸しで足を水につけながら、1000キロ近くの石を台車に乗せて外に捨てるというものだった。日本人からの虐待もあり、殴られた傷跡が今も背中に残っている。

　連行されて間もなく虐待に耐えられず4人の仲間が脱走したが警察に捕まった。この時大隊長の商慶祥は「今後逃げないように教育するから、このままここで働かせてくれるように頼んだ」が、飛島組と警察はこれを聞き入れず4人を福島警

蒼欣書（写真提供：松本強制労働調査団）

察署へ連行した。その後、武（呉）栄海が警察署で死に、他の3人は消息不明になった。

　1944年8月には虐待に対して謝罪や待遇改善を求めて作業をボイコットする行動を起こし、作業所側が虐待した監督や警察、医者などに中国人たちの前で謝罪をさせたが、その後も虐待は絶えなかった。

　後に岐阜の飛島組川辺作業所に移動したが、すべて完全な無償労働だった。

　我々は飛島組に書面による謝罪と、日本及び飛島組に賠償を求める。

（「中国人強制連行長野訴訟2008年5月20日原告最終口頭意見陳述」から要約）

- **張福才**（1924年生まれ、現場：飛島組御嶽発電所）

　15歳のときに八路軍に入り、1943年に河北省の狼牙山のところで日本軍に捕まった。北京の収容所に入れられ、日本に行くことは知らされずに「石（レンガ？）を持ち上げれば合格」といった簡単な検査を受け、捕虜から「労工」という形に変更された。

　1944年5月に現在の長野県木曽郡王滝村にあった飛島組の御嶽発電所の現場に連行された。2交替制の12時間労働、トンネル内部は水浸しで、みの傘を着ていたが、水が張っていてとても寒かった。監督がどなったり、少しでも休んでいるとスコップやつるはしで殴った。今でも頭などにその時の傷が残っている。作業中に、トロッコから石が落ちて親指の骨を砕かれてしまった。蜂起の計画が持ち上がったが、事前に知られて失敗に終わり、首謀者3人はより厳しい北海道の事業場

張福才（写真提供：松本強制労働調査団）

へ移され、残った人も拷問を受けた。19歳で長野県木曽に連行されたが、あまりの寒さのため、2人が足と頭を反対にして横たわり、互いに足をだきあって眠った。飢えと寒さの中でよく生きのびたものだ。

（「中国人強制連行長野訴訟 2008 年 10 月 4 日準備書面」から抜粋）

▪ 日本人 K・E（証言時 69 歳、現場：飛島組御嶽発電所）

　1944 〜 45 年頃のことである。樽沢のほうへ栗拾いに行き、そこで中国人とよく出会った。とにかくたくさんいた。脚絆を巻いていて、そこにキセルを差しており、タバコをふかす光景をよく覚えている。弁当の残りをあげると、「謝謝」と言われた。

　飯場は樽沢の方にあり、崩越には大きな事務所があり、中国人が 1 人下働きをしていた。

　工事に使うセメントなどの物資は上松から林鉄で崩越まで運ばれ、鞍馬橋を渡って急な山道を運び上げたり、牽道を使うこともあった。（中略）

　脱走した中国人がいて、「オイノ（荻野）」で捕まり、田島で縛られている姿を学校の帰りに見て、大変気の毒だと感じた。

　戦後、林鉄に乗って中国人が歌を歌いながら通るときは恐怖感を覚えたが、この付近では中国人が民家を襲ったことはなかった。

　飛島の中国人はいつ帰国したか気づかないほどであった。

　（1995 年聞き取り、横野秀昭「長野県木曽高等学校開放講座／第 3 回木曽戦時下の外国人強制労働の歴史 1」より抜粋）

鹿島組御嶽作業所（第3工区）

　1944 年 5 月から 10 月にかけて 699 人が 3 回にわたって連行されている。「外務省報告書」によると、鹿島組の現場で 44 人が死亡した。1945 年 4 月から 6 月にかけて群馬県、岐阜県へと移動させられた先での死亡者を含めると 103 人に上る。「外務省報告書」によると 24 人の重傷を含む 118 人の負傷者と、60 人の失明・視力障害者を生んでいる。鹿島組の現場での死亡者が 11 月から 3 月の冬期に集中しているのが特徴で、零下 20 度近くになる冬季において、食糧事情の悪化も重なり死亡する者が多かった。こうした状況のなかで 19 歳の中国人青年の首つり自殺も起きている。

　この現場では劣悪な環境から逃れるために 3 人の中国人が 3 回にわたって逃亡事件を起こしている（本書144頁参照）。またこの現場では、あまりにひどい待遇に改善を求めた、後に「木曽谷事件」と呼ばれる抵抗運動も起きた。

　この現場にいた中国人の次のような証言がある。

▪ **石錫閣**（1926年生まれ、現場：鹿島組御嶽発電所）
　「外務省報告書」の木曽谷事件にかかわる「華人労務者就労顛末報告」にある「石錫掟」は自分のことだと証言。
　1944年17歳の時、当時鉄道員として勤務していた駅（河北省石徳路の清涼店駅）で突然日本軍に捕まり連行された。石家荘の警察留置場で、服を全部脱がされ裸のまま手かせ足かせをされ8日間拘留されたあと、八路軍と通じているといわれ

石錫閣（写真提供：松本強制労働調査団）

無理に口や鼻から水を注ぎ込まれたり、顔がわからなくなるほど殴られたりとか、いろんな苦しい拷問を4回受けた。今でも耳がよく聞こえない。
　その後石家荘の「労工訓練所」に約2カ月収容され、朝4時半から5時の間に起床、全員で走らされ、その後軍隊のような訓練と農場での作業や便所の汲み取りなどをさせられた。食事は1日3回だったが1杯のお椀に赤高粱とぬかを混ぜたもので、ときどき塩水とニンジンがおかずとして出ただけの粗末な食事だった。食べる前には必ず天皇にお礼をするいろいろな儀式があり、天皇への言葉が出ないと食べさせてもらえない。粗末な食事に水分不足で多くの病人が出た。大便が出ない「回帰熱」になる人が多く7〜8日で死んだ。毎日2〜3台の車で遺体を運び万人坑に埋めた。
　労工訓練所では八路軍の兵士以外に労働者、農民、学生、商人などいろんな人がおり、軍隊のような訓練を受け「興亜建設隊」という隊組織がつくられた。興亜建設隊には大隊長、中隊長、小隊長といった編成で、日本語が少しできた私は書記という肩書をもらった。隊編成後1カ月ほどで塘沽から日本の下関へ。汽車で上松、森林鉄道に乗り換え三岳村の鹿島組御嶽作業所へ運ばれた。
　鹿島組の現場には3回に分けて総勢700人ほどの中国人が連行された。朝鮮人の監督が「今日はこれくらいの量の石を運べ」と、その日の仕事の量を決めた。それができないと、遅くなってもできるまで帰れなかった。夜12時になった時もある。1日12時間から14時間の土石運搬作業をさせられた。警察官が3人おり中国人を監視していた。1人は永井という警察官で中国語が少しできた。食糧事情は、1日3食で1食につき米ぬかと小麦粉を混ぜた蒸しパンで1食に150gくらい。給料は全くもらっていない。
　劣悪な待遇に多くの病人が出たり精神的にも我慢できなくなり、大隊長だっ

143

た徐強ら幹部が日本人の監督たちと交渉したが、「お前たちは大東亜共栄圏を建設するために来たのだから……」と良い返事をしないため、待遇改善を求めて5〜6回ストライキのようなことをした。こうした動きのなかで木曽谷事件（本書146頁参照）が起きた。この事件で私も逮捕され、上松警察署に連行されたあと福島警察署に移され、ここで7回ほど拷問を受けた。逆さ吊りにされ、水を腹が膨れるほど飲まされ、膨らんだ腹に重いものを乗せて吐き出させられたり苦しかった。1カ月後くらいに、須坂に移され15日間いたあと長野刑務所に移され124日間いた。2ｍ×2ｍほどの木の檻に入れられ毎日小さなお椀1杯の味噌汁と5口ほどの食事しか与えられなかった。長野にいるとき毎日のように空襲があり、日本人の収監者は防空壕に避難させたが中国人は屋外に出されただけで避難場所はなかった。

　木曽谷事件を含めストライキなどいろいろやったが、それは待遇改善と無事生きて中国へ帰るためのものだった。（1995年聞き取り）

▪ **候潤五**（1918年生まれ、現場：鹿島組御嶽発電所）

　1943年4月に捕まったときは25歳だった。山西省盂（ウ）県の山の中でゲリラ戦の準備をしているところを包囲され、捕まった。太原の日本軍駐屯地を経て太原工程隊に連行された。数千人いるところで、毎日たくさんの死者が出た。

1カ月後教化隊に移され毎日教育を受けた。日本はどの国よりもいいという授業を聞かされ、居眠りをすると後ろ手に縛られて上に吊り上げられたり、腫れるまで殴り合いをさせられた。1944年7〜8月ごろ、塘沽から日本へ連行され、長野県木曽の三岳村でトンネル工事をした。

　日本での苦しみは飢え、寒さ、暴力だった。たくさんの人が死んだ。まず目が見えなくなり、下痢をして、それから死んだ。（木曽谷事件が起きた後）群馬県の藪塚作業所に移った。12時間の2交替で働き、1週間に1度24時間労働があった。

候潤五（写真提供：松本強制労働調査団）

日本に連行されている間に父親は自分を心配しながら亡くなり、母親も自分が死んだと思っていた。（1999年聞き取り）

鹿島組の御嶽発電所現場からの脱走事件とは

　1944年鹿島組の現場では過酷な労働と劣悪な環境に3人の中国人が脱走するという事件が起きた。地元の警察や学徒動員で来ていた学徒などが捜索に駆

り出され、逮捕された中国人はひどい拷問を受けた。

▪『信濃毎日新聞』「『戦争』への問い〈58〉」（1993年9月3日付、抜粋）

　1944年初夏。木曽郡三岳村の鹿島組御嶽作業所で働かされていた李布衡さん（当時36歳）と孫志誠さん（当時29歳）、李景堂さん（当時28歳）の3人は、ついに脱走を決行した。（中略）だが、「不良華人」としてただちに逮捕。福島警察署に留置された。6月3日、3人は再び脱走。またつかまって長野警察署に移送された。それでもまだあきらめなかった。10月30日に3度目の脱走。李布衡さんは警察隊に追撃され、千曲川に身を投げて最期を遂げた。孫さんは45年2月14日、篠ノ井署で死亡。李景堂さんだけが、4月に出獄した。

▪日本人Aさんの証言（「中国人強制連行長野訴訟2008年10月4日準備書面」から抜粋）

　私が旧制長野県木曽中学校の4年生であった昭和19年5月から同年の12月の間、学徒動員で発電所工事に従事したときに多くの中国人が働いている状況を見ておりました。（中略）学徒動員は、木曽中学校、木曽山林学校、木曽高等女学校から総勢およそ300名が動員されました。（中略）6月上旬頃かと思いますが、配属将校から「（中国人）3人が逃げた、気をつけろ、見たら通報するように」と訓示があり、翌日には「王滝村で2名が捕まったから残り1名を探しに行け」と指示され、学徒30人ぐらいで三八式歩兵銃を持たされて出発しました。王滝村にある森林鉄道の田島という駅に着いたら、2人の中国人が電柱に縛り付けられていました。2人とも警防団からリンチを受けたらしく半死半生の状態であり、1人は立っていましたが1人は電柱に縛られ体中血だらけのまま地面にぐったり尻をつけていました。

column 木曽谷事件とは

　木曽谷事件といわれているのは、鹿島組御嶽作業所現場において、1945年3月から4月にかけて、まず倉庫に侵入して食料などを奪ったとして中国人労働者の呉紹忠（現在の名、呉同学）ら2人が検挙され、続いて発電所爆破計画・殺傷未遂の疑いで、徐強ら11人（10人説もある）が治安維持法、国家保安法違反で検挙された事件である。この事件で治安維持法が初めて外国人（中国人）に適用された。

　「外務省報告書」の中にある46年3月に鹿島組御嶽作業所から提出された「華人労務者就労顛末書」では次のように記録されている。

　「県警察部より華人係警察官6名配属され治安警察の立場より厳重なる取締り実施、労務管理は主として警察官官吏の掌握する処となり事業所側は警察官の指揮命令下にあり極めて小範囲に於て華労指導並に管理に当りたるに過ぎざる状況にありたり。

　警察官の取締厳重を極めたる結果は華労の不平漸く高まり第3次華労入所後作業中或は宿舎内に於て不穏の言辞を弄し或は工事用鉄棒を以て先端を槍状にこしらえ、これを各自杖として日常使用するが如き形勢をかもし偶々（昭和）20年3月26日頃華労数十名徒党を組み鹿島組倉庫に侵入、タバコ、食料等を大量に盗み去りたる事件あり、又昭和20年3月28日乃至4月2日にかけて華労幹部11名警察に検挙せられたる事件あり、これら事件の内容は後日警察官よりの語る処並彼等の自供によれば指導員徐強等によって計画せられたる当工事場建設中の発電所爆破計画並に警察官、日発会社員、鹿島組社員等の幹部を殺傷せんとする計画の予備行為の現れなりし由、尓後は特別の事件なく経過せり」

　と記述、そして警察からの情報として、

　「華労中の約半数は俘虜にして、共産党員数十名在籍せり。在籍共産党員にして華労の指導員たる徐強は、中国共産党の指令に基き、日本国内攪乱を計画、在籍労務者全員を指導、教育、発電所爆破、人員殺傷未遂事件を惹起せり」

　としている。

　この事件で治安維持法並びに国家保安法違反、戦時生産事業妨害の罪名で徐強、李王蘭、韓茂方、王鴻章、張義定、任樹林、厳志学、石錫捉（現名は石錫閣）、蒋克強、司方棟、厳忠発が検挙された。彼らは長野、松本、豊科、岡谷に分散して留置され取り調べを受けた。このうち徐強、李王蘭、韓茂方、任樹林、王鴻章、厳志学、石錫捉の7人は日本の敗戦後まで長野県内警察署の留置所に留置されていた。

　「外務省報告書」では中国人労働者たちが「中国共産党の指令のもとに、日本の国内混乱のために」引き起こした政治的な事件と記述している。

　事件の真相はどこにあるのか。当時、王滝川関連の現場では制服警官が滝越、氷ヶ瀬、田島、濁川、二子持に各1人、三岳に2人が配置されたと当時通訳巡査だった永井誠吉が証言している。一方「外務省報告書」では、鹿島組の現場には治安警察6人が配置されていることになり、中国人労働者は厳しい管理・監視下にあったことがうかがえる。信濃毎日新聞社が発刊した『信州昭和史の空白』の中で「長野県下へも御岳発電所など7事業所に3525人が連行された。／ところが、戦時下の激しい労働、粗末な食料に、寒さなど環境の激変も重なって、栄養失調、病気、事故などで犠牲者が相次ぎ、全国では6872人、県下でも252人が死んだ。／木曽谷事件はこのようなひどい条件の下で起きた」と県内の状況を紹介している。

　顛末報告書に、鹿島組はこの事件を受けての措置ともとれる45年3月に「一時工事打ち切りとなりたるため」岐阜県（各務原）と群馬県（藪塚）へ中国人労働者を「転出」させたと記録がある。

　鹿島組御嶽作業所から45年4月25日に群馬県太田市の鹿島組藪塚作業所へ276人が移送されている。その時の様子が1973年2月6日付の『信濃毎日新聞』連載記事「友好へのかけ橋に—中国人殉難者の記録—④」の中で「長野県における中国人俘虜殉難者の事情と慰霊実行の中間報告」（中国人俘虜殉難者慰霊県実行委員会・日中友好協会長野県連合会、1963年）として「彼らは白い薄い毛布を1枚ずつ肩からかけていたが、みなフラフラして歩けない。引率者がカシの棒でこづいていた。ところが、歩けないだけでなく、みな目から涙をボロボロ流していた。泣いているというのではなく、目をひどくやられていて、絶えず涙が流れ出ていた」と移送中の中国人の惨状を伝えている。移送先の鹿島組藪塚作業所側の群馬県衛生課の医師による健康診断では、276人の移送者のうち肺腸疾患55人、両目失明44人、片目または両目失明の疑い22人、夜盲症19人、トラホーム37人を数え、健康状態はほとんど不良で、皮膚病患者も相当数いたという。鹿島組御嶽作業所現場の劣悪な待遇状態が見て取れる。

　その原因を鹿島組御嶽作業所報告の「顛末書」では、強制連行された中国人の刑事事件は全国で18件あり、そのうち8件が「反日陰謀」「反日思想」「反戦・警察・取締不満」による抗日行動としている。しかし、木曽谷事件で検挙され福島警察署内で拷問を受けた石錫閣（本文143頁参照）は「木曽谷事件は待遇改善と無事生きて中国へ帰るためのものだった」と証言しているように、事件の真相は劣悪な強制労働と待遇に対する抵抗運動であった。

大倉土木上松作業所

　この現場は発電所建設と隧道工事が主である。隧道は木曽川に沿うように掘られ、トラックが入っていけるほど大きなものだった。ここでも多くの朝鮮人と中国人が労働させられていた。ここに強制連行された中国人は299人で、そのうち23人が死亡している。昼夜2交替の仕事で、特に夜の作業はとても危険だった。トンネル工事は上から水が落ち、下は水、足元の石は爆破した石の破片でナイフのように角がするどく、上松も御嶽の各現場同様に過酷な労働状況だった。よく殴られ、死者や失明者がたくさん出た。

　大倉土木の現場にいた中国人は全員ここで日本の敗戦を迎えた。

上：上松発電所（撮影：小島十兵衛）
下：1944年6～7月当時の大倉土木上松作業所の建設現場
（長野中学校第45回生記録刊行会『二拍子の青春　戦時下中学生の記録』〈長野中学校第45期会、1977年〉から転載）

148

■ **姜淑敏**（羅海山［1919 年生まれ・故人］の妻、現場：
大倉土木上松発電所）

姜淑敏（写真提供：中国人
強制連行長野訴訟弁護団）

　夫から上松発電所の現場での強制労働は「死ぬ
ほど苦しかった」と聞いていた。夫は日本では重
い石を籠に入れて背負って運ぶ仕事をさせられ
た。胸が地面につくくらい石は重いので、鼻や顔
を擦りむいたことがあった。背中の左わき腹あた
りには、皮膚が盛り上がった状態の大きな傷が残
っており、日本でたたかれてできた傷跡と言っ
ていた。また両足の裏には皮膚が黒く盛り上がっ
たような傷があり、これは「水牢」という穴に入
れられたときについた傷だと言っていた。この傷のせいで、特に右足が歩くと
きに不自由だった。食事はドングリの粉で作ったマントウが 2 個だけだった。
野菜や塩を見たことがない。夫は日本でのひどい食事のせいで、帰国してから
胃を悪くし、体が痩せ、薬がなければならない状態だった。やわらかい食事し
か食べられず、最後には食道がんで 1966 年に亡くなった。

（中国人強制連行長野訴訟での証言）

■ **劉新成**（1921 年生まれ、現場：大倉土木上松発電所）

　河北省保定市望都県の清風店駅で駅員をしていた。1944 年 4 月 24 日勤務
中に捕まった。当時は結婚したばかり。家は貧しく 2 歳から 19 歳までの 5 人
の弟妹がいて自分が生活を支えていた。保定に連行され鉄の籠に入れられた
上、八路軍と関係があるだろうといわれて拷問を受けた。その後、石家荘の収
容所に連れていかれ、日本語ができることから収容所で中等科（幹部になる集団）
に入れられた。6 月上旬に塘沽から日本へ連行された。出発時に大倉土木関係
者が 2 人迎えに来た。移動中は日本兵が銃で監
視していた。

　現場での仕事は発電所のためのトンネル掘りだ
った。朝 7 時半ごろから冬は夕方の 5 時半ごろ、
夏は 6 時半ごろまでの労働で昼夜 2 交替だった。
夜はランプが足りず暗かった。トンネル内は上か
ら水が落ち、足元は爆破した岩がナイフのように
鋭く危なかった。藁で足を縛って歩いた。けがを
しても上松駅近くの病院で赤チンを塗るだけ。け
がをしても休めないし、病人が出ると「衛生員」

劉新成（写真提供：松本強
制労働調査団）

のせいだと木の棒で殴られた。死んだ者たちの原因は主に事故のせいだった。死んだら木の箱に入れられて焼かれた。(1999年聞き取り)

- 見浦宗山<ruby>見<rt>み</rt></ruby><ruby>浦<rt>うら</rt></ruby><ruby>宗<rt>そう</rt></ruby><ruby>山<rt>ざん</rt></ruby>(1931年生まれ)

寺（筆者註：見浦は寝覚ノ床にある臨川寺の元住職）には大倉土木の社員が間借りをしていた。子どもの頃、住職であった父親が血行不良（糖尿病？）の病で足を切断した。弟子が住職を引き継ぐも、私が小学5年の時その弟子が徴兵されたため、葬儀があると私が住職の代わりにお経をあげに行った。

木曽中学1年（旧制）の時、死亡した中国人の火葬の際に火葬場で読経した。10何回かあった。火葬する場所には、すでに穴が掘ってあり、火葬するばかりになっていた。遺体の状況はわからなかった。地元の人もおり、「まきが足りなくて生焼けだった」という話を聞いたこともある。

1943年上松発電所の工事が始まり、中国人の飯場は川沿いにあったが接触を禁じられており近づけない。中国人が集団で連れていかれるのを見たことがある。学徒動員で中学の先輩（4・5年生）が工事現場に行った。中国人が脱走し、ひどい拷問を受けた話は聞いた。(2007年聞き取り)

見浦宗山（撮影：小島十兵衛）

歴史を伝える碑

木曽の発電所建設における中国人虐待問題は、1950年3月に日本電気電産業労働組合長野支部木曽川分会が御嶽発電所の中国人虐待問題を取り上げ、日本共産党長野県委員会の機関誌『新長野』に掲載されたことによってはじめて公になった。この動きは戦後始まった遺骨調査・送還運動をはじめ県内の強制連行・強制労働調査などに影響を与えた。遺骨返還は全国で9次にわたって行われた。御嶽発電所近くには工事に伴う殉職者の碑①がある。これは関西電力が管理しているが、1949年2月建立とあるが誰が建立したのかは不明である。53人の名前が確認できている。名前の中に中国人、朝鮮人と

① 殉職者の碑（撮影：小島十兵衛）

②殉難中国人慰霊碑（左）／慰霊碑の碑銘版には中国人
殉難者181人の名が刻まれている（撮影：小島十兵衛）

思われる名前もあるが、鹿島組と間組の両現場の「殉職者」と推測される部分
もあるがよくわかっていない。死亡者数もあまりにも少なく、どんな経緯で建
立に至ったのか不明である。碑の揮毫は、当時の日本発送電の幹部のものとい
う。長い間風雨にさらされ殉職者氏名などの判別が今では困難になっている。

　少し離れたところには1983年に建立された中国人の殉難慰霊碑②がある。
長野県内の有志の寄付によって建立されたもので、鹿島組関係44人、間組関
係92人、大成建設（当時・大倉土木）関係22人、王滝村関係23人（飛島組か）
と区分された計181人の中国人の
名前が刻まれている。数年前までは
この碑の前で慰霊祭が行われてい
た。地元の子どもたちの平和教育の
場として、今も活用されている。

　浦島太郎伝説の残る寝覚ノ床にあ
る臨川寺境内には中国人犠牲者を追
悼する日中友好観音像③がある。こ
れは、臨川寺の元住職が、木曽仏教
会に働きかけ、中国人犠牲者を慰霊
するために托鉢で浄財を集め建立し
た。また木曽仏教会によって追悼法
要や地元の行政も参加する中国人慰
霊祭なども近年まで行われていた。

　上松発電所の敷地内にも殉職者の
碑④がある。この碑は1948年8月
建立とあり、御嶽発電所そばの殉職

③木曽地区中国殉難者供養塔「日中友好
観音像」（撮影：小松功）

④上松発電所にある「殉職者慰霊碑」
（撮影：小島十兵衛）

者の碑①より少し早く建てられている。14人の殉職者の氏名が刻まれており、うち2人が中国人の名前であるが、この碑を建立した経緯は不明である。上松発電所の現場では中国人だけで23人が死亡しており、なぜごく少数しか刻まれていないのかは不明である。

---

(1) 林鉄：国有林の木材資源などを運搬する森林鉄道のこと。木曽には上松運輸営林署と王滝営林署が運営する林鉄があり、最盛期には総延長400kmもあった。木材の運搬に限らず人々の生活にも利用されたり、中国人の移送にも使われた。

(2) 当時中国人の現場にいた警察官全体の通訳役で長野県特別高等警察課巡査だった永井誠吉のこと。

強制労働の現場と実態

4

南信地方

南信

下諏訪町
岡谷市
諏訪市
茅野市
辰野町
原村
箕輪町
富士見町
南箕輪村
伊那市
宮田村
駒ヶ根市
飯島町
中川村
松川町
高森町
豊丘村
大鹿村
喬木村
阿智村
下條村
飯田市
泰阜村
平谷村
阿南町
売木村
天龍村
根羽村

諏訪鉄山

（朝鮮人・連合国軍捕虜）

鉄不足を補うため蓼科高原一帯での褐鉄鉱の採掘

　諏訪鉄山は、戦時中に日本鋼管が諏訪郡八ヶ岳西山麓北部（現茅野市北山）
一帯で「褐鉄鉱」を掘削した鉱山である。その採鉱地帯は「北山鉄山」とも言
われ、蓼科高原の西側に鉱床や採掘施設が広がっていた。掘削した褐鉄鉱は、
鉄鉱石としては燐酸分などの不純物を多く含む品質がよくないものであった。
しかし鉄は戦争の遂行に欠かせない資源であり、質はよくないがともかく鉄分
を含む鉱石を産出する諏訪鉄山が注目された。とくに海外からの鉄鉱石の入手
が困難になった 1942 年以降になるとその傾向がさらに高まり、生産体制が拡
大されていった。諏訪鉄山は、アジア太平洋戦争遂行という国策にもとづき、
44 年には国策軍需工場「日本鋼管鉱業株式会社」となり、群馬鉱山(現中之条町)、
倶知安鉱山（現北海道倶知安町）に次ぐ国内生産量第 3 位の褐鉄鉱山であった。

　採掘した褐鉄鉱は質がよくないためコークスで焼結した後、トラックや鉱
山鉄道で茅野駅に運び、貨車で日本鋼管川崎製鉄所へ送られた。鉱山とはいっ
ても小規模な鉱床が散在していたため鉱石を鉱石置き場まで空中で運ぶ鉄索
（リフト）が 3 ルート設置され、その総延長は 15km 以上に達した。また、鉱石
を集積・貯蔵し、それをトラックや専用貨物列車に荷積みするための「万石」
と呼ばれる巨大な施設が 7 カ所つくられた。鉱床を掘り進むにつれて万石ま
での距離が長くなるため、その運搬にはトロッコが使用された。諏訪鉄山には
網の目のようにトロッコのレールが敷かれていた。

　1944 年には、鉱石を茅野駅まで運ぶために茅野駅～花蒔駅の間に 10km の
鉄山鉄道を引き込み線として突貫工事で完成させた。その跡地は現在国道 299
号線となっている。

　こうした大規模な施設が建造されたが、諏訪鉄山におけるほとんどの作業
は人力によるものであった。動員された子どもや女性がザルで土を運ぶ写真な
どが残っている。

　戦争が激しくなるとともに生産体制が拡大され、総動員体制の下で、学徒動
員によって国民学校生、旧制中学生などが駆り出されたほか、近在の住民の勤
労動員も行われた。さらには、多くの朝鮮人労働者や連合国軍捕虜が労働力と
して使役されたのである。

金掘場万石（かねほりばまんごく）での鉱石積み込み
（写真提供：八ヶ岳総合博物館）

朝鮮人労働者

　1942年から始まる大々的な生産体制の拡大にともなって、朝鮮半島における強制動員（「厚生省名簿」ではすべて「官斡旋」と記録されている）によって、44年には158人、翌45年には73人、計231人が動員されてきた記録がある。そのうち31人が逃亡、2人が死亡とされている。朝鮮半島から動員されてきた人たちは比較的若く、鉄道（引き込み線）の建設、鉱石の掘削など、文字通り肉体的な重労働によって諏訪鉄山を支えた労働者たちであった。これは残された記録上のもので、実際はこれを上回る朝鮮人労働者が使役されていたと考えられる。鉱石に発破をかける専門技術者は朝鮮人だけの特殊技術集団であった。

　日本の敗戦後、朝鮮人労働者の帰国は1945年秋に始まり諏訪鉄山関係では186人の朝鮮人が帰国を希望しているとされた（「帰鮮関係編纂」収録の「集団朝鮮人帰鮮輸送計画資料」）。地域住民の間では、朝鮮人労働者たちは敗戦の混乱のなかでいつの間にか姿を消していったように語られている。

強制連行の連合国軍捕虜

　川崎の捕虜収容所に収容され、日本鋼管での労働に従事させられていた連合国軍捕虜は、空襲を避けるために1945年に諏訪と北陸に分かれて疎開した。諏訪には同年6月に移り諏訪鉄山での労働に使役された。捕虜収容所は突貫工事で建設され、高い塀で囲まれた大小5棟の木造の建物であった。施設は「東京捕虜収容所第6分所（諏訪）」と呼ばれた。

　諏訪収容所の連合国軍捕虜の国籍や人数は、「ＰＯＷ研究会」の集計によれば、合計247人が収容され、4人が死亡したとされている。オランダ人93（死

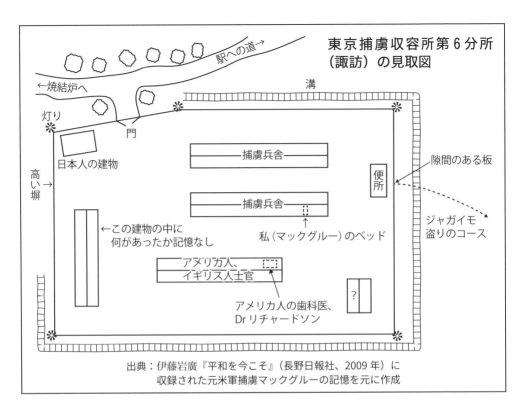

東京捕虜収容所第6分所
（諏訪）の見取図

駅への道→

←焼結炉へ

溝

灯り

門

日本人の建物

捕虜兵舎

捕虜兵舎

便所

隙間のある板

高い塀

←この建物の中に
何があったか記憶なし

私（マックグルー）のベッド

ジャガイモ
盗りのコース

アメリカ人、
イギリス人士官

?

アメリカ人の歯科医、
Drリチャードソン

出典：伊藤岩廣『平和を今こそ』（長野日報社、2009年）に
収録された元米軍捕虜マックグルーの記憶を元に作成

亡2）、アメリカ人57（死亡0）、イギリス人56（死亡1）、カナダ人35（死亡1）、
その他(註)6である。

　捕虜は10余名ごとに引率されて作業に従事し、掘削・焼結などの作業では
中学生と同じ場所でも仕事に就いたこと、中学生の弁当を包んだ新聞を見て「日
本は負ける」といったことなどが伝えられている。戦後ＢＣ級戦犯を裁いた横
浜裁判には収容所関係者のほか、地元医師、鉱山関係者が召喚された。捕虜収
容所所長であった元中尉は、管理責任を問われ20項目もの事実について訴追
されたが、捕虜に対する人道的処遇や、地元での減刑嘆願運動などが考慮され
たものか懲役３年の判決にとどまり、未決拘留期間を差し引かれ判決後１年
足らずで釈放されたという。

〈註〉「その他6」の内訳について、「平和のための信州・戦争展」の調査によって
　　　オーストラリア人4、チェコスロバキア人1、非戦闘員の中国人1とされた。また、
　　　この調査では、士官が8人おりその中には医師が2人いて診療に立ち会ったこと、
　　　カナダ人中佐が引き上げの引率をしたなどの証言が得られた。また、准士官以
　　　下は206人、非軍人29人がいたとされる。

平岡ダム
（朝鮮人・連合国軍捕虜・中国人）

天竜川での発電用ダム建設工事

　平岡ダムは、長野県最南端の天龍村平岡に、水量豊かな天竜川をせき止めて造られた発電用のダムである。1940年に着工、途中戦争による資材不足のための中断を経て、戦後の1952年に完成した。国策会社であった日本発送電の計画を熊谷組が請け負った。

　着工当時の日本は日中戦争による労働力不足状態で、それに加えて安い労働力という面から、熊谷組は多くの朝鮮人労働者を雇い入れた。1941年末にアジア太平洋戦争が始まると、名古屋方面の軍需工場への電力供給としての平岡ダムの工事は強い国家要請のもとに進められた。

　熊谷組は、約2000人の強制動員した朝鮮人の他、連合国軍捕虜200～300人、また中国人884人をダム工事に従事させた。このように朝鮮人、連合国軍捕虜、中国人という三様の外国人による強制労働によって基礎工事が行われたところに平岡ダム建設の特色がある。

平岡ダム（撮影：梶間八十五郎）

朝鮮人労働者の様子

　平岡ダムの工事前の道づくりなどには、日本人労働者とともに、1936年近隣の泰阜ダム完成に伴って次の仕事を求めて平岡へ来た朝鮮人労働者が多く働いていた。このような朝鮮人労働者は、自ら朝鮮から日本へ渡ってきた人々で、家族を呼び寄せている場合もあり「自由渡航」と呼ばれる。

　さらに労働者が必要になると、熊谷組は、当時日本の植民地であった朝鮮半島から、「官斡旋」による朝鮮人労働者約2000人を受け入れた。彼等は飯場ごとに50人くらいずつに分かれて下記の証言のような、劣悪で自由を奪われた生活を強いられ、飯場頭のもとで極めて低賃金（日本人の3分の1程度）で働かされ、給料は逃亡防止のため飯場頭が預かる形で本人には支払われないという状態であった。飯場頭は夜の見張りや番犬を置いて逃亡防止に力を入れていたが、逃亡する者も多く、捕まると飯場頭ら同胞によって見せしめとして凄

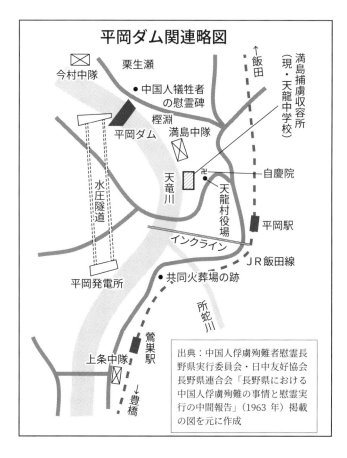

平岡ダム関連略図

出典：中国人俘虜殉難者慰霊長野県実行委員会・日中友好協会長野県連合会「長野県における中国人俘虜殉難の事情と慰霊実行の中間報告」（1963年）掲載の図を元に作成

column　強制連行された朝鮮人の逃亡先

金寅生（撮影：原英章）

　強制連行された朝鮮人の逃亡はとても多く、戦後の熊谷組報告（「厚生省名簿」）によれば、平岡ダムでは、1921人のうち、累積で1575人が逃亡したとしている（逃亡率80％）。にわかには信じがたい数値で、事故などによる死亡者数も含まれている可能性もあるものの、平岡ダムの近くの飯島発電所工事でも逃亡率45％と報告されていることから逃亡が相当多かったこと自体は事実であったと思われる。逃亡すると、飯場頭は警察に捜索願を出すとともに、地元の警防団が山狩りをして発見に努めた。

　逃亡した朝鮮人たちの中には、命がけで天龍村から飯田線の線路伝いに愛知県豊橋市まで2晩かけて逃げたという証言もあるが、その他はどこへ逃亡したのか長年不明であった。ところが最近になって、逃亡先の1つが判明した。それは、平岡ダムのある天龍村の隣村の木沢（現飯田市南信濃）という地区の山深い飯場であった。平岡から徒歩で3時間ほど離れた木沢で工事を請け負っていた朝鮮人の飯場頭であった金寅生（キムインセン）は、逃げてきた朝鮮人をかくまってやったと証言している。金寅生によれば他にも同様な飯場があったそうである。当時は戦時下で労働力不足であったこともあり、逃亡してきた同胞をかくまって労働力とした朝鮮人の飯場頭がいたのである。

惨なリンチが加えられた。

　「住まいはバラック小屋で板敷きにむしろを敷いただけ。寝るときは雑魚寝（ざこね）。寒いので向かい合わせに寝ている人と足をこすり合わせた。飯場は朝鮮人ばかりだった」（朝鮮人強制連行真相調査団『朝鮮人強制連行調査の記録　中部・東海編』柏書房、1997年）

　「宿舎はまるでブタ小屋のようなところ。山の中腹に作られ、飯場にムシロを敷いていたが風が吹くと下から吹き上がってしまうほどスースー。とても人間の住むところじゃなかった」「日本人監督が四六時中見張っていて自由な行動は許されない。班内でのみ行動せよときつく言われた」（朝鮮人強制連行真相調査団『強制連行された朝鮮人の証言』明石書店、1990年）

　主要な工事は、掘削作業、ダイナマイトの仕掛け、トロッコの運搬作業などであり、その主役を担ったのが朝鮮人労働者であった。昼夜2交替の12時間

労働という非常に厳しく、過酷な条件であった。午前4時半頃起床し、朝食の後午前6時から7時ごろ徹夜組と交替し仕事を始める。「午前11時半から午後零時半までの1時間と、午前9時からと午後3時からそれぞれ15分ずつ休憩を取る規則になっていたが、現場監督によって短くなることがあった」（森薫樹・永井大介『日本のダム開発』三一書房、1986年）

　平岡ダムへ動員された金昌熙（慶尚北道月城郡出身）は次のように証言している。

　「作業中、（ダイナマイトの不発弾が）爆発して、目の前で死んだ人だけでも10何人もいた」「手足がバラバラになったものや、胸に岩の直撃を受けて死んだ者など。それを日本人がすぐにどこかに運び去ってしまう。だからちゃんと埋葬されたのかどうかもわからない」（前掲『強制連行された朝鮮人の証言』）

　「死んだ朝鮮人も多くいた。病気の人もいたが、多くはケガで死んだ。トロッコから落ちるとかトンネル工事を切りっぱなし（木の防護枠をしない）で作業をやったりしていたので。死者を担いでいくのを何十回、何百回も見た。トロッコ作業中、スコップの柄があたって死んだのを直接見たこともある」

（筆者の聞き取りから）

　また、金一洙（慶尚南道固城郡出身）は次のように証言している。

　「私がいた飯場では、2人の同僚が死亡した。大邱出身の『大山』と呼ばれていた同僚は、逃げようとして捕まり拷問の末に殺され、『千原』という同僚は、トンネルの中で機関車にひかれて死んだ」

（前掲『朝鮮人強制連行調査の記録　中部・東海編』）

　このような証言がされており、事故なども多発し犠牲者も相当多く出たといわれている。しかし、1952年に中部電力が平岡発電所構内に建立した慰霊碑の裏面には、「殉職者」として日本人33名の氏名が刻まれ、その後に「中国人　拾五名、韓国人　拾参名」と、朝鮮・中国人については氏名が無く犠牲者数のみが刻まれている。一方、熊谷組が当時の厚生省に提出した報告書には朝鮮人は「死亡者12名」と記されている。

　強制動員されてきた朝鮮人は、苛酷な労働に加え、初めの話と違って、飯場頭がいろいろ理由をつけて賃金を支払わないことから、日本にいる親せきなどを頼って比較的条件の良い「自由労働者」になるために命がけの逃亡を行ったと推察される。

　命がけの逃亡で、失敗すれば凄惨なリンチにあうが、意外と成功する場合が

多かったようである。また、なかには初めから逃亡する目的で日本へ渡る渡航費を自分で負担しなくてもよい官斡旋に応募した場合もあったようである。

このように朝鮮人労働者の中には、自由渡航の労働者と強制動員の労働者がいた。しかし、自由渡航といっても、朝鮮人も同じ日本人とされてはいたものの、現実には民族差別のもとで日本人より賃金は安く、危険度の高い現場や人の嫌がる仕事に従事していた場合が多かった。

平岡ダム工事で、

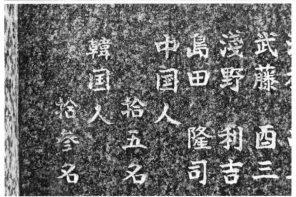

上：中部電力が平岡発電所構内に建立した慰霊碑
下：上の慰霊碑の裏面。日本人殉職者33人の氏名の後に中国人・韓国人の犠牲者数が刻まれている（撮影・原英章）

最も数多く働いていた朝鮮人犠牲者の慰霊碑がないだけでなく、犠牲者数もはっきりしていないことは大きな問題である。

満島捕虜収容所について

1942年に満島捕虜収容所（正式には東京俘虜収容所第3分所。「満島」は当時の平岡の呼び名）が設置された。場所は、天竜川の東岸で現在は天龍中学校の校庭となっている。米英を中心とする連合国軍捕虜が常時200〜300名収容され、ダム工事関係の仕事をさせられていた。敗戦時の収容捕虜数は308名（英国215名、米国93名）であった。彼らの仕事は、採石、貨車からセメント袋を降ろし、それをトロッコで運んだり、セメントを練ったり、トンネルを爆破した後の土石（ズリ）をツルハシやシャベルで取り除いたり、その他機械の運転や鍛冶仕事や材木運搬などであった。午前5時の点呼の後、6時には収容所

敗戦直後に撮影された満島捕虜収容所の捕虜の集合写真（写真提供：第2代所長・久保龍郎遺族）

を出て、午後6時まで戻らないものとされていた。連合国軍捕虜はマレー半島で捕虜となったイギリス人や、フィリピンなどで捕虜となったアメリカ人などであった。熱帯の島で捕虜となり、「バターン死の行進」^(注1)などで、すでに栄養失調、マラリア、皮膚病におかされ、健康状態が最悪のまま船や列車で移送されてきた捕虜たちに、さらに平岡での厳冬が追い打ちし、薬品も乏しく、翌43年3月までに41人が死亡した。

　捕虜となった軍医、ワインスタイン^(注2)は捕虜生活について次のように記している。
　「夜はそれ（盗んできたセメント袋）を床に置いて、中にもぐり込む。服は着たまま、赤十字の木こり帽を耳まで下げる。ディック（もう1人の医師）と私はワラのマットの下におがくずを敷き、壁の羽目板のひび割れには紙を貼る。それでも寒い。ローブ（捕虜の1人）が調理室の火で温めてくれた丸石を、毛布の間に転がす。これが何よりありがたい。医務室の床に敷くワラをたくさんもらった。古紙ももらい、米の粉と水で接着剤（糊のこと）を作って壁に張った。その仕事をした回復期の患者たちは、接着剤を紙張りに使う以上に食べてしまった。（中略）冬の間で暖かいと感じたのは、5日に1回の入浴の時だけだった」（（ ）内は引用者註）
　「食事は7時、正午、6時に運んでくる。ほとんど消化不能の蒸した大麦、雑穀とわずかな米のかたまりだ。おかげで満島にいる間、慢性的に下痢をして

> **column**　捕虜に人道的な対応をした収容所職員
>
> 　満島捕虜収容所の職員であった西野洋吉は、敗戦直後捕虜たちが帰国のために平岡を発つとき、1枚の紙に書かれたメモを渡された。捕虜多数連名のサインのあるこの紙片には、「関係者各位」宛に「彼（西野洋吉）は捕虜に対していつも親切で思いやりがあり、決して私達の物をとることなく、また決して暴力をふるわなかった」と英文で記されており、戦後に予想された戦犯追及が西野に及ばないように配慮したものであった。西野は中国戦線で右腕を失ったため軍属として捕虜収容所に勤めていた。家族の話では、捕虜へのクリスマスのプレゼントを用意するために飯田の町をかけまわったこともあったそうである。捕虜への対応が甘いと一時満島から出されて新潟県の鹿瀬（かのせ）捕虜収容所勤務を命じられたこともあったそうである。
>
> 　このメモの力もあって西野は戦犯の訴追を免れたが、何人もの同僚たちが戦犯として裁かれた横浜裁判で彼らが無罪となるように働きかけるために横浜まで出かけた際に、列車事故に遭い亡くなった。

いた。週に2回くらい、ニシンくらいの大きさの魚の干物が付くか、大麦の混合物に豆腐が入る。これがタンパク質のすべてだ」（ワインスタイン「鉄条網の中の軍医」、名倉有一訳、『長野県・満島収容所』所収、私家版、2013年）

　この収容所での死者は59名となり、戦後のBC級戦犯を裁く横浜裁判で厳しい審判を受けた。
　横浜裁判では、初代所長であった中島祐雄大尉を含め6名が絞首刑、4名が無期懲役、1名が懲役25年の判決が下された。
　横浜での最初の裁判が満島収容所であったことから、連合国側がいかにこの満島捕虜収容所での虐待行為を重視していたかがわかる。
　死刑判決を受けた満島収容所の職員の中には平岡の住民も含まれていた。それとは対照的に、多くの犠牲者を出した中国人収容所の

天龍中学校の校庭南側に建つ連合国軍捕虜犠牲者の鎮魂碑（撮影：原英章）

関係者への責任追及は一切行われなかった。中国人収容所にも捕虜収容所と同じく平岡の住民らもかかわっていた。このことがその後の天龍村に暗い影を落とし、戦後長い期間、村民の間に戦時中の出来事について語ることはタブーのようになっていたといわれている。そのようななかで戦争中の平岡ダム建設についての史実の詳しい記述を含む『天龍村誌』が発刊された意義は大きいものがあった。『天龍村誌』が発刊された 2000 年に連合国軍捕虜の犠牲者の鎮魂碑が「満島俘虜収容所犠牲者慰霊実行委員会」によって建立された（本書 163 頁写真参照）。

中国人強制連行・強制労働の様子

　平岡ダム建設工事には、朝鮮人、連合国軍捕虜のほかに、884 人の中国人も 1944 年 6 月以後、従事させられた。

　次の証言は、松本強制労働調査団が中国へ調査に行って聞き取った内容である。

▪ **王連仲**（1924 年生まれ）

　母と 2 人暮らしの農地のない貧しい農民だった。母は他の家の手伝いをし、自分は出稼ぎ、当時 19 歳だった。

　1944 年 8 月、河北省昌平県で村の幹部が仕事をする人を募集したので応募した。北京の華北労工協会に連れて行かれ、塘沽（タンクー）に運ばれた。塘沽で船に乗る前に日本へ行くと知った。

王連仲（写真提供：松本強制労働調査団）

・塘沽の収容所は西と東は海、鉄条網に囲まれ逃げられない。夜は裸にされ、何人もで 1 枚の布団。屋外へは出られない。1 部屋に 200 人くらい。部屋の中にカメがありそこでトイレをするが、それにも許可がいる。食事は共和麺（混合麺）といって落花生の殻を粉にし、臭くなったトウモロコシの粉を混ぜた蒸しパンで、おかずは無く水だけ。死んだら海に捨てられる。一緒にいた 10 数人が死んだ。逃亡事件があった。たくさんの銃声を聞いた。たくさん死んだと聞いた。

・300 〜 400 人が船に乗った。石炭が積んでありその上で過ごした。小麦粉とトウモロコシの粉を積み込んだが食べさせてもらえなかった。船で病気になった人は何人も生きているうちに海に捨てられた。

・学生服のようなもの上下、桑の皮で作った下着上下、タオル 1 枚、綿入れ上下、布団、靴はある人と無い人。自分は裸足。

・下関で降り消毒。1 日以上かかって福島県の沼倉作業所（猪苗代（いなわしろ）ダム）に着いて写真を撮ったりサインをした。

・1945 年 1 月に長野県の熊谷組平岡作業所へ移送された。平岡は西側に川のあるところに宿舎。春節に 1 人 1 個の餃子をもらった。中身は大根の葉で、炊事係が平日に節約して作った。休みは無かった。アメリカ人（捕虜）は他のところにいた。疥癬（かいせん）で死ぬ人もいた。湿度が高くて風呂に入れないからかかる。水ぶくれでひどい人は動けない。そこで自分は病気になった。大便が乾燥し、腸が外に出てしまう。死んだ人を焼いたこともある。木の箱に息のあるうちに入れる。死んで硬くなると入らないから（しゃがんだ形で入れる）。食事は糠（ぬか）の蒸しパン 1 日 3 個、1 食 1 個。おかずもスープもない。日本ではずっと裸足だった。たくさんの人が凍傷になった。よく殴られた。

・1945 年 5 月に北海道置戸（おけと）の水銀鉱山へ移送された。その前日まで仕事をして移動。夜着いて翌日すぐ仕事。重い石を背負うとき足を折って、歩けないほど痛かったが、治療もしてもらえず休ませてももらえなかった。

・日本の降伏は仕事中突然聞いて、仕事の道具を捨ててもどった。たくさん食

べられると思いうれしかった。天津から帰り、そこで2、3泊して帰るとき
（中国の）中央政府から2000元もらった。それで切符を買って汽車で帰った。
日本で手紙を出したが、届いていなかった。
・母は息子が日本へ連れて行かれたことを知り、毎日泣いて目が見えなくなっ
　た。死ぬまで目が見えなかった。

　熊谷組は1944年6月以降884名の中国人を受け入れ、主としてコンクリー
ト用砂利採取や工事資材の運搬にあたらせた。中国人は、「興亜建設隊」とされ、
現場ごとに3つの「中隊」に分けられそれぞれの宿舎に収容されていた。

栗生瀬現場（今村鍬太郎建設隊長）　　　　——今村中隊
樫淵現場（野竹英一・寺平政美建設隊長）——満島中隊
鶯巣現場（上条寛建設隊長）　　　　　　——上条中隊

　中国で「労工狩り」等によって無差別に捕らえられた人々や、前述の王連仲
のように「いい仕事がある」とだまされて連行された人々、また日本軍に捕まっ
た八路軍（中国共産党軍）や国民党軍の兵士もいた。満島中隊の「華人（建設）
隊長」であった寺平政美によれば、職業も農民の他に教員、警官など多様であ
り、年齢も17〜73歳といろいろであったという。

中国人犠牲者の慰霊碑（撮影：原英章）

　中国人は着のみ着のままの上、風呂さ
えも無く、食事は小麦粉の代用としての
米糠やフスマの入った粗悪なパン1日3
個と汁のみであった。そのためわずか1
年足らずの間に62人の死者と22人の
「不具廃失者」（多くは栄養失調による失明）
を出した（渡船転覆による15人の溺死・
行方不明の犠牲者を含む）。遺体は山中の
火葬場で焼かれたが、戦争末期には薪も
不足し、焼ききれない遺体は喉仏の骨を
取り出した後に崖の上から投げ捨てたそ
うである（寺平政美の証言）。
　今でも、その火葬場のあった谷の斜面
を探せば、当時のものと思われるごく小
さな骨の破片を見つけることができる。
　1945年5月に資材不足のため平岡ダ

ム建設工事が中断されると、中国人たちは岐阜県各務原へ513人、北海道へ297人、計810人全員が鉄道で移送され、敗戦時平岡には1人もいなかった。

2010年に「平岡ダムの歴史を残す会」などの団体の呼びかけによって来日した趙宗仁は次のように証言している。

「一番印象に残っていることは、人として扱われず、犬のように扱われたことです。どんな苦しいことがあっても全てが無視され強要され働かされました。この悲しさは、一生忘れられない」

1964年、民間有志により結成された「中国人俘虜殉難者慰霊長野県実行委員会」が中心となって、火葬場付近から出土した遺骨を中国へ届けるとともに、ダムの傍らに4mあまりの細長い石柱に「在日殉難中国烈士永垂不朽」と刻まれた慰霊碑が建立された。この碑は、平岡ダム建設工事のために強制連行され亡くなった中国人62名を慰霊したものである。

熊谷組と戦後の平岡ダム建設

熊谷組は、平岡ダム建設工事が中断した後、近くの飯島発電所（本書168頁参照）の完成に力をいれた。

敗戦直後に、中国人を使役した他の企業とともに熊谷組は、「中国人労働者1705名を使用したことによる損失補償」として、政府から当時の金額で約287万円を受け取った。

戦後になって熊谷組は引き続き平岡発電所の再開工事を請け負い、1949年に再着工、52年に竣工した。発電事業は日本発送電から引き継いだ中部電力によって工事竣工とともに営業が開始され、現在に至っている。

---

(1) アジア太平洋戦争中の1942年にフィリピンのバターン半島で日本軍に投降したアメリカ軍、アメリカ領フィリピン軍の捕虜が、捕虜収容所まで長距離の徒歩移動した際に多数死亡した行進。

(2) ワインスタインはアメリカ陸軍の軍医。1942年にフィリピン・バターンで日本軍の捕虜となり、東京大森捕虜収容所に収容されていたが、1944年10月に満島捕虜収容所へ移動となった。戦後アメリカに帰り、『鉄条網の中の軍医』を出版した。同書の満島捕虜収容所関係箇所を名倉有一が翻訳して『長野県・満島収容所』に収録した。

飯島発電所

（朝鮮人）

遠山川流域での発電所工事と隧道工事

　旧南信濃村（現飯田市）にある中部電力飯島発電所は、天竜川の支流の遠山川を一部せきとめて分流させ、隧道によって導水して発電している水路式の発電所である。アジア太平洋戦争の末期、1943年に政府から緊急の電源開発を命じられた日本発送電株式会社の工事を請け負ったのは熊谷組であった（熊谷組は、遠山川が天竜川に合流する付近の平岡ダム工事も請け負っていた）。工事は翌44年2月に着手され、戦後の47年に運用を開始した。現在も認可最大出力1万2700KWで発電を行っている。取り入れ口の南信濃の木沢梨元から発電所のある南和田まで全長約9kmにおよぶ隧道によって導水され、その有効落差は153mである。この工事には勤報隊（国民勤労報国隊、徴兵されなかった男子が徴用された組織）や当時の旧制の飯田中学生徒の勤労動員の他、多数の朝鮮人労働者が従事した。「朝鮮人がとても多く、工事の中心は朝鮮人労働者だった」と証言している人もいる。

朝鮮人労働者の様子

　朝鮮人労働者には、大別して、自費で来日した自由渡航の朝鮮人（家族持ち

飯島発電所（撮影：原英章）

の場合もある）と、強制動員によって連行されてきた朝鮮人とがいた。「厚生省名簿」によれば、飯島発電所関係の「官斡旋」による朝鮮人労働者数は計938人（1943年211人、44年727人）、うち死亡は4人、逃亡は425人と記され、負傷欄は無記入である。

　一方、『南信濃村史遠山』巻末年表には、「昭和19年飯島発電所建設のため人夫1500人入村」と記されている。この1500人から上記の強制動員の朝鮮人労働者数938人を差し引いた人数562人が、自由渡航の朝鮮人労働者と日本人労働者を合わせた人数と推察される。人

夫以外の熊谷組や日本発送電の
職員などを加えると、相当数の
労働者が来ていたことは確かで
ある。家族を合わせればさらに
多い人数となるであろう。

　連行されてきた朝鮮人労働者
は、この地方では「新兵」と呼
ばれ、監視され自由を束縛され
ていた。飯場頭（朝鮮人の飯場
頭もいた）は逃亡しないように、
監視するだけではなく、夜は地
下足袋をとりあげたり、給料を
渡さない、また手紙を密かに開
封して「不適切な内容」のもの
は本人に渡さないなど、ありと
あらゆる対策を取った。しかし、
それでも逃亡する者はいて、捕
まれば飯場頭から労働者たちの

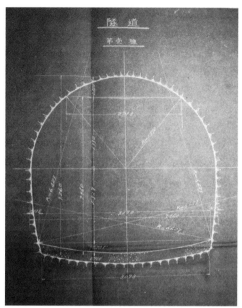

隧道の断面の設計図。隧道は幅、高さともに３ｍ
余ある（国土交通省中部地方整備局資料より）

面前で見せしめに凄惨なリンチを受けた。

　飯島発電所の隧道工事は、労働者が出入りしたり、隧道内の土石（ズリ）を
搬出するための横坑を１kmごとに堀り、同時進行で進められた。朝鮮人労働者
の飯場は、それぞれの横坑の付近に作られていた。小道木には坂本組の飯場が
ありそこに労働者が100人ほどいたことが確認されている。木沢には大西組
と木下組、名古山には藤原組、飯島には山口組と徳永組の飯場があったといわ
れている。その他、押出、夜川瀬、牧などに飯場があったといわれている。家
族持ちの労働者は、地元の借家で生活していた人もいた。急ピッチの工事のた
め、昼夜２交替での作業であったと証言されている。

　また、隧道で導水された水は、発電所の上方約150mの貯水槽に貯められ、
そこからほぼ垂直に発電機まで落下させている。水の落下には鉄製導管を用い
るのが一般的であるが、飯島発電所では、岩盤をくり抜いて縦坑を造り、そこ
を通して水を落下させている。資材不足のためにとられた工法と考えられるが、
この工法は想像を絶する難工事の上、非常に危険を伴う工事であった。近くの
住民は現場で指導に当たった日本人が「今日も事故があり何人が死んだ」と話
していたことを証言している。

　こうした状況下で、事故で負傷したり死亡した朝鮮人も少なからずいたと推

測できるが、「厚生省名簿」の「死亡4人」というのはあまりに少なすぎる数字と言える。

　強制動員で小道木の飯場へ連行された朝鮮人労働者の金泳九（1922年生まれ）は次のように証言している。

＊　　　　　　　　　　　＊

　「私が日本に連行されたのは1944年2月のことで、当時、姉は嫁にいっていたし、長男は死亡、三男は満州にいっていた。故郷では、母と次男と私（四男）が百姓をしていた。私が23歳の時である。ある日、芝刈りをして帰ってきたら『この家には働く人が2人いるから1人いかなくちゃいかん』という面長から指名があったと区長が通達をもってきた。警察もだれだれはいかなければいけないと言った。『2年間、日本に行って働いて来い』と告げられた。手をぐっとひっぱられたわけではないけれども、その頃はそう言われたらいかざるをえない。逃げる方法はなかった」

　「工事の元請は熊谷組で、私は下請の坂本組の前田という飯場に所属した。この飯場には朝鮮から一緒に連れてこられた人がざっと100人いた。飯場の周辺は川の石で2mくらいの塀をつくって囲み、1つしかない出入口に小屋を建てて監視員が晩も昼もみはっているし、毎日警察が来て管理するので、鳥みたいに飛ぶ以外にとても出ていくことはできなかった。遊びには一切出さなかった。飯場は杉皮の屋根を張って、周囲は板を打ちつけた建物で（中略）長さ50m、幅7m、ここに三寸角の枕木を2列にずらっと並べて中央に向かって頭を合わせて寝るのである。そして、朝5時に『5時だぞ、起きろ』と枕木の端をたたいて起こされた。5時に起こされ、まだ暗いうちに飯を食い、6時頃には仕事を始め、定時というものはなく、暗くなるまで働かされた。昼夜2交替制だった。現場の監督は日本人だったが、我々の名前を呼ばずに、作業服についている番号を呼んで指図した。私は25番だった。抵抗したらたたかれるので黙って従った。

　賃金は普通の自由に働く人の10分1しかくれなかった。あのときは日当2円80銭だったが、食費1円を引いて1円80銭残ったのに、それすらまともにくれなかった。『金なんか何に使うんだ！　期間が済んだら国に持ち帰ればいい！』とどなってくれない。恐くてそれ以上何も言えなかった」

　「食事は玄米そのままの飯に、おかずは味噌と醤油とたくあんだけで、イワシもサバも見たことがない。山奥なので野菜もなく、年中同じでそれだけだった。飯は好きなだけ食べてもよかったが、玄米だからそんなに食べられないし、食いすぎると下痢をするのでせいぜいどんぶり1杯しか食べられなかった。特に初めは玄米になれずに2～3週間は便所に行かんならんかった。あると

き飯場にさつまいもの俵がつんであったことがあったが、あまりの空腹に、みんなで生のまま、ふとんに持って入り、ふとんをかぶってこっそり食べたことがある。まるで、ネズミのようだった。わずかにもらった給料で村の人から、つぶした牛の臓物とか皮を買ったことがあった。皮も２時間ぐらい煮込むと食べられるようになる。

金永九（撮影：塚﨑昌之）

　腹痛で１日２日寝た人は見たが、病気で医者に行ったというのは聞いたことがない。休むと言ったら『どこが悪い』『医者の証明をとって来い』とうるさいので休むこともできなかった。入浴はドラム缶に自分で水を入れてわかしたが、月に２、３回も入らなかった。夏は川で洗って冬はほとんど入浴しなかった。地下足袋はくれたが、それ以外の着るものは、最初にくれた仕事着以外何もくれなかった。（中略）

　削岩機で作業中、事故で死んだ仲間もいた。その人に対して会社がどうしたか知らない。しかし、誰かケガをしてもその坑内の作業は絶対休ませなかった。我々の作業所でも粘土層のところでは水がまわると落盤した。あるとき、同じ班の６人のうち２人が畳ぐらいの大きな粘土が落ちて下敷きになって残りの４人がやっと仲間を引き出し、坑外に運びだした。トロッコの台に血だらけになってのびていた。私は恐くなってふとんをかぶってかくれた。すると飯場頭が夜中に『25番どこへ行った、25番どこだ、仕事しろ！』と探しに来たが、見つからずにその日はのがれた。彼らは人が１人死んだって犬が車にあたって死んだくらいにしか思わなかった。

　飯場から逃げる人もたくさんいた。100人いれば２、３人いた。彼らは昼も夜も探しまわった。つかまえた人をわざとみんなが見ているところで、なぐってなぐって気を失わせた。気を失った者でも、つるはしの柄で犬をたたくようになぐりつけた。気を失った者にモグサを焼いて、動くとウソだと言ってよけいたたいた。こんなひどい拷問にあった人は何人もあった。しかし、殺された人を私は見たことはない。自分の飯場以外のことは外にも出してもらえないから他の飯場の日常のことはわからなかった。B29が来たときは手をたたいて喜んだ。私はこの飯場にちょうど１年間いた」（故郷への轍冊子刊行委員会『故郷への轍　大阪茨木安威地下トンネルは語る』〈私家版、1995年〉要約）

　　　　　　　　　　＊　　　　　　　　　　＊
　また、少年期に家族で木沢に来て母が飯場の賄婦をしていたという権載玉クォンジェオクは飯場の様子について、「逃亡して捕らえられた者は殴打された。『アイゴー』と泣き叫ぶ声が響き渡った。飯場頭は腰に手錠をつけ、飯場の横には鍵のかけ

られた逃亡者専用の部屋もあった。事故や病気で死んだ同胞を樽のようなものに入れて4〜5人で夜中に埋めにいった」(権載玉『アボジ』〈朝鮮青年社、1994年〉要約)と当時を回想して記している。

前出の証言者である金永九がいた坂本組の飯場の近くに生家があり、当時小学生であった地元住人は、その頃見たことを次のように記している。

「『また、シンペイが逃げたぞ。』子供たちはすぐ呼び合って、土手上に並んで見ている。多数のシンペイが整列し、その前へ後ろ手に縛られた1人が引き出された。前夜、飯場から逃げ出したが、連れ戻されたのだ。彼らは夜、地下足袋を取りあげられてしまうから、はだしで逃げ出す。地理も知らず裏山に入るから、確実に捕まる。かわいそうに、と思いながら怖いもの見たさに見つづける。1辺4cm位の三角材を捕まったシンペイのひざ裏に挟み正座させる。痛くてしりを下ろせない。すると、朝鮮人の監督が、シンペイの太ももの上に乗り、ジャンプを繰り返す。悲鳴が河原に流れる」(北澤廣富「泣いていたアリランの歌」『週刊いいだ』2008年8月10日号)

中国人や連合国軍捕虜の作業への関わり

飯島発電所と並行して進められていた平岡ダム建設工事が、1945年5月に資材不足により中断されると、平岡ダム工事へ連行されてきていた中国人および連合国軍捕虜が飯島発電所工事に振り向けられた。証言によれば、中国人が平岡駅から飯島までトロッコのレールを2人で1本ずつ担いで列になって歩いてきたという。また、連合国軍捕虜が運んでいるのを目撃した人もいた。

「不幸な発電所」

聞き取りの中で「飯島発電所は生まれからして不幸な発電所だった」と語った方がいた。戦争末期に緊急な命令で工事が決定し、発電所付近では、何の賠償も無く強制的に家屋移転を迫られた家も複数あった。また、隧道工事のために所有していた土地が収用されても「お国のため」ということで何も言えなかったという人もいた。このように飯島発電所建設工事は出発の時点から地元の人々に犠牲を強い、建設中は多くの朝鮮人労働者の犠牲を出し結局、戦争中には完成に至らず、戦後の1947年に運用を開始した。その後日本発送電から中部電力に管轄が移って現在に至っている。この建設工事については、国策でありながら戦後の総括が全くなされていない。「厚生省名簿」に記された、正確さが疑われる「死亡4」の他には、犠牲者の名前、死亡原因、死後の扱い方など不明のままであり、犠牲者の慰霊碑もない。

長野県の農耕勤務隊
（朝鮮人）

朝鮮人青年を徴兵し、日本で開墾・農作業に使役

農耕勤務隊とは

　農耕勤務隊（以下、農耕隊と略す）は、アジア太平洋戦争の末期、朝鮮半島で徴兵した朝鮮人青年らを日本へ連行して、主としてサツマイモ、ジャガイモ（航空機燃料の原料として用いる）を栽培する農作業に従事させた陸軍の部隊の名前である。「農耕勤務隊臨時動員要領」（1945 年 1 月 30 日軍令）によって、1945 年 3 月朝鮮半島で召集、訓練を経て日本へ連行し、主として本州中部に配属した。その数 1 万 2500 人であった。彼らが農耕隊として使役させられたのは 1945 年 5 月から 8 月までの約 3 カ月という短期間であり、また敗戦に伴って証拠となる書類等を焼却してしまったため、残っている記録が少なく、記憶している人々も限られていたので、今まで明らかにされてこなかった。

　当時日本の植民地であった朝鮮半島において、日本本土と同様の徴兵検査による徴兵制が実施されたのは、1944 年 4 月からであり、入営は 45 年 1 月からであった。朝鮮半島出身者の場合、身体は壮健だが日本語がよく話せない者は、第 1 乙種合格とされ第 1 補充兵として召集された。農耕隊となったのはこの青年たちであった。彼らは武器を持つことなく、星のない赤だけの襟章であった。

　農耕隊は第 1 から第 5 までの 5 隊で編成されていた。

　第 1 農耕隊：静岡県富士山麓
　第 2 農耕隊：茨城県・群馬県
　第 3 農耕隊：栃木県那須野原
　第 4 農耕隊：愛知県
　第 5 農耕隊：長野県

　1 隊につき 2500 人の朝鮮人が配属された。1 隊は 10 中隊からなり、1 中隊は朝鮮人 250 人に日本人 50 人、合計 300 人が標準となっていた。

長野県へ来た第5農耕隊

　当時、第5農耕隊に所属していた速水勉（故人、三重県出身、第1中隊小隊長）は次のように証言している。

　「1945年4月末（釜山で）半島兵3000名受け取り、長野県に駐在する10中隊に300名ずつ配分した。私の第1中隊は、5月4日300名の朝鮮兵とともに帰着した。長野県北佐久郡伍賀村草越（現御代田町）という部落に日本兵50名、朝鮮兵300名の農耕隊が農家の蚕室7〜8軒借りて兵舎として、100haを目標に国有林のカラ松林を伐採、焼払い、80haの畑を完成し、ジャガイモ、ソバなどを栽培し、新地（新たな農耕地）だからとてもよくできた。日本兵は40歳に近い兵であり、朝鮮兵は20歳くらいの召集したての兵であった」（速水勉証言の要約、雨宮剛『もう一つの強制連行　謎の農耕勤務隊』〈私家版、2012年〉所収。引用者註：速水勉の証言内容で、農耕隊の1中隊が朝鮮兵300名と日本兵50名で編成されていたというのは、朝鮮兵250名と日本兵50名の記憶違いではないかと思われる。）

　長野県強制労働調査ネットワークが入手した第5農耕隊の「留守名簿」（各部隊の軍人の現況と留守関係事項を一覧表にした名簿）には中隊ごとに朝鮮兵の名簿（多くは創氏改名による日本名）とともに指導に携わった日本人の兵隊の名前、住所などが記載されている（中隊によっては朝鮮兵のみで日本兵について記載されていない名簿もある）。しかし、駐屯地についての記載はされていない。そこで、地元の、農耕隊のことを記憶している高齢者を訪ねて証言を聞いたり、実際に農耕隊に勤務していた韓国人を韓国に訪ねて数人から聞き取り調査を行った。また、「留守名簿」にある日本人の住所宛に手紙を出して尋ねてみたりもした。

　第5農耕隊の多くは、長野県に駐屯していた。特に上伊那郡が中心であり、10中隊のうち少なくとも8中隊は上伊那郡内に駐屯していたことが明らかになった。上伊那郡内では、多くは国民学校などの校舎を宿舎に使用していた。そこで各学校の学校史に記録があるかどうかを調べ、記録のある学校へは直接訪問して当時の学校日誌などの記録を調査した。例えば、『西箕輪小学校百年史』に脇田隊長以下の農耕隊が宿泊していたことが記されている他、西春近北小（「5月16日106名」）、中箕輪小（「5月3日農耕隊220名が到着」）、東春近小（「5月5日農耕隊226名が到着」）といった記録が各学校史や学校日誌等に記されていた。それらの調査から現時点での仮説としてまとめたのが次頁の表である。

　第2中隊のみは複数の聞き取りから滋賀県に駐在していたことがほぼ明らかになったが、なぜ第2中隊のみが滋賀県に駐在したのかは不明である。

第5農耕隊各中隊の駐屯地・宿舎

中隊名	中隊長（中尉）	小隊長（少尉）	駐屯地・宿舎（現在の市町村）
第1中隊	藤田	速水勉	草越（北佐久郡御代田町）
第2中隊	上田（？）		滋賀県
第3中隊	長谷川		中箕輪国民学校（上伊那郡箕輪町）
第4中隊			南箕輪国民学校（伊那市）
第5中隊	脇田米彦	村木喜六	西箕輪国民学校（伊那市）
第6中隊	土光茂樹	提政志、堀場壽賀	伊那国民学校（伊那市）
第7中隊	遠藤■三	土井保、浦田岩雄	西春近北国民学校・伊那商業学校（伊那市）
第8中隊	泉重雄	刈谷和夫、藤田實	東春近・富県・西春近南国民学校（伊那市）
第9中隊	岡田精次郎	土肥三郎、渡部長	赤穂国民学校（駒ヶ根市）
第10中隊	赤松俊夫	飯田益夫、山口義雄	片桐国民学校（上伊那郡中川村）

出典：「第1中隊速水勉」は本人の証言、「第2中隊上田（？）」は雨宮前掲書所収の新聞記事よりの推察。それ以外の中隊長・小隊長の名前は「留守名簿」などによる。第2中隊を除けば、残りの9中隊の位置はほぼ北から南へ番号順となっている。※■は解読不明の文字

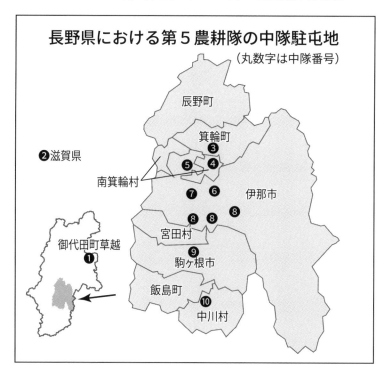

長野県における第5農耕隊の中隊駐屯地
（丸数字は中隊番号）

農耕隊の実態

　西箕輪にいた農耕隊分隊長であった白沢俊雄（故人、静岡県出身）の証言（当時78歳）。

　「昭和20年9月中頃までその任を果たした。西箕輪の農耕隊は『第五農耕隊』といわれ、主に北朝鮮のラナンというところで集められてピョンヤンに連行され、そこで約1カ月の訓練を受け日本へ運ばれてきた。大体20歳前後の青年たちで100名あまりいた。

　開墾と農耕の仕事だったが、松の木を切ったあとへ3尺くらいの幅のうねをつくり、さつまいもを植えたり、大豆を播いたりした。時には豊橋まで苗を取りに行った。肥料はなかったのであまり収穫はなかった。服装はご粗末（とても粗末）なカーキ色の服でだぶだぶのものもあった。『やなぎごおり』の弁当と竹の水筒を入れた網袋を肩からさげて農作業場へ向かった。

　分隊長の下には上等兵の班長たちが約10名いてそれぞれ10名くらいの隊をつくって作業にあたった。幹部は常に短剣をつるしていたが、上等兵たちは丸腰であった。それでも彼らは絶対服従であり、同じ人間でありながら虫ケラ同然に、犬猫と同じように使った。一番困ったのは逃亡してしまうことで、西山（西側の山）をさがした。鉄塔をめざしていたようであるが、中には行方不明でそのままの者もいた。逃亡者がつかまった時は鎖でつなぎ、見せしめのために、ひどいことをした。今は思い出したくない。

　食料事情はわるく、彼らは松の木の皮をはいでその白いところを食べていた。ある時、お赤飯かと思ったら、こうりゃんがたくさん入ったご飯だったことがあった。

　敗戦後、1カ月くらい後始末をして、解散は現

伊那市立富県小学校に保存されている農耕隊の表札。「農耕勤務隊泉隊刈谷隊」とある。泉重雄（中尉）は第8中隊長、刈谷和夫（少尉）は第8中隊小隊長。

---

column 中学生たちが調査した農耕隊の実態

　1986年秋、伊那市西箕輪中学校の社会科教諭・唐木達雄は、社会科の授業で、戦争中の朝鮮人強制労働について生徒たちとともに調査する学習を展開した。

　生徒たちは、戦争中に西箕輪に来て松林を開墾していた「農耕隊」と呼ばれた朝鮮の青年たちのことを地域の住民から聞き取り、授業で発表した。また、唐木教諭は、静岡県に住む当時下士官であった白沢俊雄を訪ねて、その証言の様子を撮影したビデオを生徒に見せた。元下士官は、日本兵たちが朝鮮半島から連行されてきた若者たち（召集兵）を「虫ケラ同然」「犬猫のように使った」と語った。生徒の聞き取りからは、逃亡した者が鎖でつながれ、たたかれ、見せしめのために幾日かそのままにされ、食事も与えられなかったことなど、朝鮮の青年たちが奴隷のように扱われていた実態が浮かび上がった。生徒たちは、戦争中に身近な地域で起こったこのようなできごとに衝撃を受けるとともに、朝鮮の青年たちに優しく接した地元の人々がいたことを知り、感慨を深くした。

　この授業がきっかけとなって、上伊那へ来た農耕隊の調査が行われ、西箕輪だけでなく、上伊那郡全体に、約2000人もの朝鮮半島出身の青年たちが農耕隊として連行されてきて、強制労働をさせられていたことが明らかになっていった。

地でやり、あとのことはわからない。書類はいっさい焼いてしまい残っていない」（長野県歴史教育者協議会編集委員会『戦争を掘る』私家版、1994年）

　一方、第1中隊（草越農耕隊）の小隊長（副隊長）であった速水勉は次のように証言している。

　「20歳ぐらいの兵隊は純真なもの。日本兵は40歳くらいだから、親子みたいな関係であった。中隊長は高等学校（旧制）の校長もした人であったから、相談して私的制裁は絶対にやめようということにした。だから私の隊にはリンチはほとんどなかった」（2011年1月29日、速見勉の証言内容）

　幹部の考え方によって朝鮮兵の扱いに差が大きかったことが伺える。速水の隊のような場合はむしろ少なかったと思われる。

今後の調査の方向

　長野県へ来ていた第5農耕隊の10中隊のうち、第2中隊については駐屯地（宿舎）や開墾場所がまだ確定に至っていない。第2中隊に所属した人からの聞き取りによれば、第2中隊は滋賀県に駐屯していた可能性が高い。他の9中隊については駐屯地（宿舎）はほぼ確定できたものの、開拓地など明らかになっていないところもある。今後聞き取りや資料によって、長野県へ来た農耕隊の全体像を明らかにしていくことが課題である。

有明演習地を開墾した「自活隊」という名の農耕隊

　農耕勤務隊とは別に、1945年初頭に本格的に「本土決戦」準備が始まると国内兵力増員に伴う食糧確保が緊急課題となり、軍隊の食糧は「自活隊」による自給自足が強調された。自活隊は、軍用地等を耕地にあて、隊員には現兵力のほか、朝鮮半島で徴兵された第1補充兵があてられた。長野県でも南安曇郡有明村（現安曇野市）にあった松本50連隊の有明演習地を開墾しての食糧増産が自活隊によって取り組まれた。そこでは、豆、ジャガイモ、サツマイモなどの農作物の栽培を朝鮮人青年たちを使役して行った。この自活隊の様子を原伊市（1906年生まれ）が記している（穂高町戦争体験を語りつぐ会『穂高町の十五年戦争』郷土出版社、1987年）。

　原伊市は1945年4月下旬に召集で松本連隊に入隊し、6月3日から有明国民学校の教室を宿舎として朝鮮半島出身の青年たちの指揮監督にあたった。

「シラミを捕る兵隊」（画：原伊市）左下に「5・14 有明にて」のメモがある

　その部隊名は轟少尉率いる轟小隊で、4個分隊からなり、1分隊は下士官1名、兵2名、朝鮮人青年兵19名の計22名で編成され、小隊全体では88〜89名が開墾に従事した。原によれば、軍は悪化する食糧事情に鑑みて自給体制を作ろうと考えたらしいとのこと。しかし収穫を見ないで敗戦、朝鮮兵たちは10月16日帰国の途に着いた。

　上等兵であった原は朝鮮兵について「知的水準も高くはない。タバコ好き、知的興味をもたず、ウソを平気で言い、ずるい。じゃが芋や菊いもを生で食べる。それは植民地の悪い環境のせいでしょう」と証言している。彼らは慢性的な空腹に苦しみ、休憩時には裸になってシラミ狩りしていた。逃亡もあったが、日本語が話せない彼らの多くは捕まって営倉入り^(註1)となった。

　しかし、8月15日の敗戦を境にして、日本兵と朝鮮兵の立場は逆転し、日本兵の中には彼らの報復を受けた者が出た。原自身も臆病になって近くの民家に泊めてもらったというが、学校のプールで溺れかかったとき助けてくれたのは朝鮮兵たちであったという。

　当時は日本国内の食糧事情は悪化の一途をたどっており、軍においても軍用食糧の確保のため「自給自足の態勢の強化」が強調され、「耕地には軍用地を充当し」人員は「現地自活は現兵力をもって実施するも……特に人員の増加を必要とする場合は軍ごとに取りまとめ所要数を陸軍省に提出する^(註2)」とされた。その人員供給源とされたのが、朝鮮で徴兵され、日本語の理解が十分でないために甲種合格とならなかった第1乙種の青年たちであった。1945年2月28日の陸軍文書^(註3)では本土全体で9900人の朝鮮人兵士が各軍管区に割当てられ、そのうち長野県を含む東部軍管区には2250人が割当てられている^(註4)。有明演習地の自活隊はその一部であったと推測される。

---

(1) 軍律違反などに問われた軍人を収容する兵営内の施設。

(2) 1945年1月15日機密大149号「兵員ノ保育給養適正化ニ関スル件」、1月26日機密大301号「食糧自活実施要領ニ関スル件」

(3) 1945年2月28日陸亜機密117号「在内地、朝鮮師団、独立混成旅団及師管区部隊等臨時動員、編制改正、称号変更竝第328次復員（復帰）要領細則規定ノ件達」

(4) ここに掲載した軍令等については、塚﨑昌之「朝鮮徴兵制度の実態」『在日朝鮮人史研究No.34』（2004年）を参照。

強制労働当事者の対面調査に取り組んで

外国人強制労働について、現場・現状を見聞きしていた日本人の証言も大事だが、実際に強制労働させられた当事者の聞き取りなくしては、本当の実態はわからないのではないか、との思いをずっと抱いていた。しかし、当事者を探し出すこと、そして証言を得ることは難しく、はがゆい思いが募った。

当事者本人を探し、証言を聞くためには、本人が住む国へ行かなければならない。私たちのような市民が調査のために韓国へ、あるいは中国へと足を運ぶためには、言葉の壁をはじめとして、時間的にも金銭的にも、地理的にも数々の困難を乗り越えなければならなかった。そのため、当事者からの聞き取り調査には長い時間がかかった。ほかにも調査が思うように進まない理由はいろいろある。それも含めて被害当事者の調査について振り返ってみたい。

朝鮮人について

朝鮮人当事者からの聞き取りは、非常に難しかった。戦後日本に残って暮らした人々も多かったのに調査がなかなかできなかった。

まず、資料がない。名簿をはじめ、個人に行きつける資料は、本当に少なかった。そのため人数さえもわからない。戦後 50 年もたってやっと韓国政府の求めに応じて日本政府から名簿（いわゆる「厚生省名簿」）が渡され、公開されたのは 1991、92 年（本書 27 頁参照）。

「厚生省名簿」の中に全く記録のない県もあるなかで、長野県関係（あくまで全部ではなく部分だと思われる）は、官斡旋が 18 事業所とその人数 8575 人、自由募集が 56 事業所 8813 人であると記載されている。これらのうち氏名や本籍が明記されていた名簿は 1165 人分である。

この名簿に書かれている本籍をもとに、2000 年、2001 年に韓国での人探しを試みた。しかしほとんどの名簿は日本名で記載され、本名は推定でしかわからない。朝鮮戦争で役場の書類がなくなっていることもあった。本人が亡くなっていたり行方不明だったりもした。名簿の住所をたどった結果出会えた人は 2 人。1 人は、本人は亡くなっていてお兄さんが日本に農耕隊として連行された話をしてくれた。もう 1 人は違う人を探していった先で、偶然出会えた木曽御嶽ダムの仕事に従事した人だった。

名簿で人を探すことはほとんど無理と知り、名簿記載者の多い村の近辺で敬老堂（村の老人の寄り合い所）に飛び込んで「戦争中日本で労働した人がいた

ら話を聞かせて欲しい」というと、我も我もと申し出たのには驚いた。ある人は新潟の港湾で働かされたといった。他の人は、山仕事の最中に家族にも知らせることができずに連行されたといった。名前を書いてもらおうとしたが、字が書けない人がほとんどだった。彼らは植民地下朝鮮で金がなければ学校へ行けず、学校では日本語を強制され、朝鮮語を教わるどころかとっさに出た朝鮮語すら罰の対象になった。そのため自国の言葉の読み書きができない。彼らのその後の人生の傷の深さを感じた。

　自分の親族が日本に行ったきりで、どうなったかわからない。せめてどこで亡くなったか知りたい、という声を何回もきいた。死亡が明らかにならないと、相続や残された妻の再婚にも困難があったとも聞いた。

　自分がどこで働いたかわからない人も多かった。その職場に在籍していた証拠を持っていない人も多い。受け取っていない賃金の要求すらできない人が大半ではないだろうか。彼らが強制的に貯金させられたお金や賃金その他が供託されて日本に残っているものがある。しかし本人に返すすべがない。

　韓国が軍政支配から民主化され、韓国政府が日本をはじめ国外で徴用などの被害に遭った人の調査と被害補償のために「対日抗争期強制動員被害調査及び国外強制動員犠牲者等支援委員会」（支援委員会）をつくり、被害申告を受け付けるようになった。私たちは2010年から支援委員会と連絡を取り、長野県で労働させられたと申告した人の中から何人か紹介してもらい、委員会と一緒に調査をすることができた。なかにはもう高齢で話しができない人がいたり、家族が反対して調査できないこともあった。

　在日の韓国・朝鮮人の調査も困難だった。戦後の在日韓国・朝鮮人は無権利の中で生きていくことだけで大変だった。強制連行、強制労働の実態を明らかにすることに積極的に取り組む余裕はなかったかもしれない。また、実体験を明らかにすることには大変な勇気がいる。いまだに根強い民族差別があり、本人だけでなく、家族・親類縁者にまで及ぶことに気遣いしなければならない。今ですらヘイトスピーチやチマチョゴリの切り裂きなど枚挙にいとまがないほどの息苦しさの中で生きていることを考えると、子どもや孫はここで暮らしていくのだから、と証言を断る人もいるのは当然かもしれない。名前も出して語ってくれる人はまれだったと言っていい。

中国人について

　中国人の強制連行については、戦後まもなくから全国各地で調査が取り組まれた。日中友好協会をはじめとし、宗教者、労働団体、平和団体などが調査と犠牲者の遺骨の発掘・返還に取り組んだ（本書24頁参照）。

　政府が戦後中国人を使役した事業所に出させた事業所報告をもとに1946年外務省管理局が作成した「華人労務者就労事情調査報告書」（いわゆる「外務省報告書」）により、1943年4月〜1945年5月に中国の港から乗船させられ日本に連行された3万8935人（帰国までの死者6830人）が明らかになっている。名前、本籍地、など細かくわかる名簿が、早くから中国人俘虜殉難者名簿作成実行委員会により公表、分析されている（「中国人強制連行に関する報告書」）。

　しかし政府は長く「外務省報告書」の存在を否定。「焼却処分した」と答弁し続けた。中国人が謝罪と補償を求めて起こした訴訟のなかで、この資料の存在を否定する答弁をするようにという政府の内部文書まで明らかになった。そして1994年6月には国会で資料の存在と中国人強制連行の事実を認めざるをえなかった。

　この「外務省報告書」の名簿をもとに生存者を探すことができる、と私たちが知ったのは、1993年に『信濃毎日新聞』が行った調査報告記事であった。信濃毎日新聞は名簿の記載をもとにして長野県に連行された中国人を探し、50人の聞き取り調査をした。この後、松本強制労働調査団も名簿をもとに中国人研究者の協力を得て生存者探しを開始した。

　第1回の訪中調査の実施は1995年。若者に直接話を聞いてもらいたいと、30代までの若い人が半分以上を占める訪中調査団を組み、8人の聞き取りをした。その後長野県で中国人が連行され労働させられたすべての作業所に関する証言を残すために、13回にわたって訪中調査、70人からの聞き取りをした。多くの人に聞いてもらいたいと日本に招いて証言を聞く会も開催した。

　調査をしてみてあらためて知り、考えさせられることがいくつかあった。その例を挙げたい。

　その1つは、彼らがどのように捕まり、どんな経過を経て日本に連行されたのかということである。私たちは、ともすると強制労働の内容やそこでの待遇、いかに非人間的な扱いをうけたかということに重きを置いた調査をしていたのではないか。戦争下でどんな暮らしのなかから、どんな扱いを受けた人々

が日本に連れて来られたのかということをあまり考えていなかったことである。

　戦闘で捕虜にされた者、日本軍に集落を取り囲まれ捕まえられた者、街中や職場で捕まえられた者、仕事を探していて騙された者もいる。

　捕まってからの動物以下の扱い（檻の中に押し込めてバケツの残飯を手で食べさせるなど）。「抗日分子」との疑いから組織や仲間を密告させるための拷問のすさまじさ。そして「収容所」の存在とそこでの虐待である。語るのもはばかられる内容が多い。例外なく１日数人から数十人の死者を出し、収容所の周辺には死体を捨てるための万人坑がつくられた。これらの残虐行為、虐待を日本軍がやったということを忘れてはならない。

　もう１つは戦後の中国帰国後のことである。生きて帰った人は幸運だったと思っていたが、彼らの具体的な生活実態は、想像をこえていた。ほとんどの人が日本での過酷な労働や怪我、虐待、ひどい食事などのため、後遺症を抱えていた。働けなくなって家族が労働を背負い、医者へも満足にかかれていない。連行された後残された家族は一家の働き手をなくし、乞食をして暮らしていたり、家や農地が失われたりした。帰ってみたら家族が皆亡くなっていたという証言も１つや２つではない。また、日本で労働したということから、日本への協力者として迫害や差別を受けた人も多い。その原因の１つとして日本政府が強制的に連行した事実を否定し続け、自発的に労働しに来たかのように主張したことがあげられる。

　日本が強制連行し、強制労働させたひとりひとりの人生や家族の人生を通しての傷の深さを改めて考えざるを得ない。

　今回は、日本の労働現場でのことに多く焦点を当てたため、これらのことはあまり触れていない。

　これらの調査は、録画、録音、録音からの書き起こしによって記録されている。現在アーカイブ化の作業をしている。日本によって連行され、虐待を受けた人々、亡くなった人々の声を記録し、後世に伝えることが、彼らに少しでも応える道の１つであると考える。

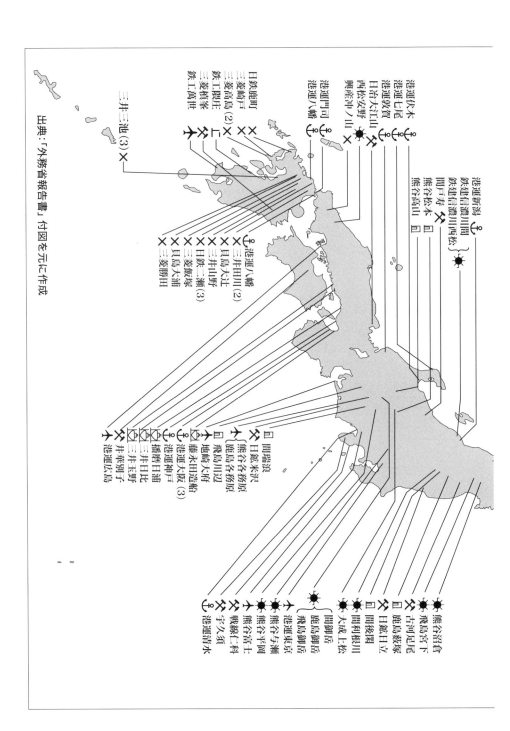

港運新潟
鉄建信濃川間
鉄建信濃川内松
間戸寿
熊谷松本
熊谷高山

港運伏木
港運七尾
港運敦賀
日治大江山
内松発野
興産沖ノ山

港運門司
港運八幡

三菱崎戸
三菱高島(2)
鉄工長崎
三菱幸袋
鉄工商世

日鉄鹿町
三菱勝田

三井三池(3)

港運八幡
三井田川
三井島大辻(2)
三井島山野
日鉄三瀬(3)
三菱飯塚
三菱大浦
三菱勝田

間端浪
日鉄米沢
熊谷各務原
鹿島各務原
飛島川辺
池崎大府
藤永田造船
港運大阪
港運神戸
播磨熊川
三井日比
三井玉野
非鉄別子
港運広島

熊谷沼倉
飛島宮下
古河足尾
日鉱日立
間後根川
大成上松

熊谷東京
港運与瀬
熊谷平岡
熊谷寄上
熊谷仁科
宇久井
暇線清水
港運久須

間御岳
鹿島御岳

出典：「外務省報告書」付図を元に作成

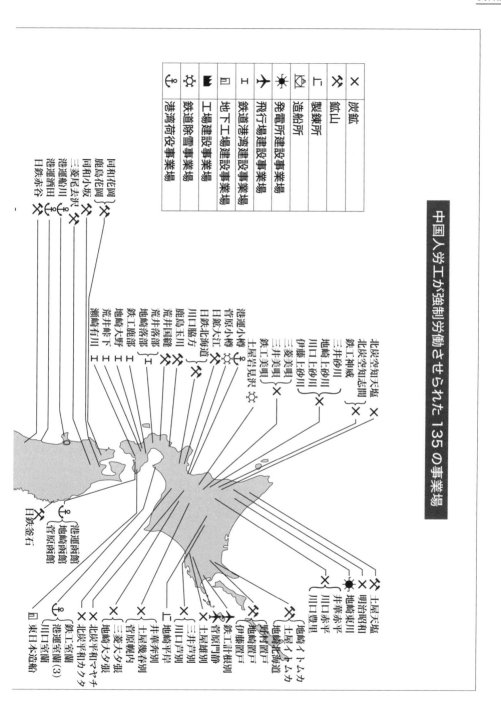

中国人労工が強制労働させられた135の事業場

凡例

記号	事業場
×	炭鉱
×	鉱山
⊥	製錬所
☖	造船台
☀	発電所建設事業場
入	飛行場建設事業場
工	鉄道港湾建設事業場
⬛	地下工場建設事業場
☖	工場建設事業場
✿	鉄道除雪事業場
⚓	港湾荷役事業場

中国人強制連行・強制労働事件の経過一覧表

1　花岡事件（秋田県花岡鉱山の河川改修工事、連行被害者数は986人）

被告：鹿島組（現・鹿島建設。国は被告でない）

原告：11人（生存者）

1995年6月28日　提訴（東京地裁）

1997年12月10日　東京地裁敗訴

2000年11月　東京高裁で和解成立

※和解内容：連行被害者986人が対象。鹿島建設は中国紅十字社に5億円拠出、信託。被害者への支払い、遺族の慰霊、追悼等に当てるとする。

2　劉連仁訴訟（東京第1次訴訟、北海道明治鉱業・昭和鉱業所に連行され、脱走して13年間、北海道で逃亡を続けた事件、連行被害者は200人）

被告：国

原告：1人（劉連仁本人）

1996年3月25日　提訴（東京地裁）

2001年7月12日　東京地裁勝訴

※賠償額2000万円を認める。ただし戦時中の強制連行については国家無答責を理由に認めず、戦後の国の対応について認める。

2005年6月23日　東京高裁敗訴

2007年4月27日　最高裁敗訴

3　東京第2次訴訟（全国各地で使役された事件）

被告：国、間組（現・ハザマ）、古河鉱業（現・古河機械金属）、鉄道建設興業（現・鉄建建設）、西松組（現・西松建設）、宇部興産、藤田組（現・同和ホールディングス）、日鉄鉱業、飛島組（現・飛島建設）、日本鉱業（現・新日鉱ホールディングス）、三菱鉱業（現・三菱マテリアル）

原告：42人

1997年9月18日　提訴（東京地裁）

2003年3月11日　東京地裁敗訴（国家無答責は否定）

2006年6月16日　東京高裁敗訴

2007年6月12日　最高裁敗訴

2010年4月26日　和解成立

※和解内容：広島安野訴訟に関連し、西松建設との間に信濃川作業場に関する連行被害者全員183人について和解が成立。和解金1億2800万円。

4　長野訴訟（長野県木曽谷などの水力発電所工事）

被告：国、鹿島建設、熊谷組、大倉土木（現・大成建設）、飛島組（現・飛島建設）

原告：7人

1997年12月22日　提訴（長野地裁）

2006年3月10日　長野地裁敗訴

2009年9月17日　東京高裁敗訴

2010年2月24日　最高裁敗訴

5　広島安野訴訟（広島県安野水力発電所工事、連行被害者は360人）

被告：西松組（現・西松建設。国は被告でない）

原告：5人（被害者・遺族）

1998年1月16日　提訴（広島地裁）

2002年7月9日　広島地裁敗訴

2004年9月29日　広島高裁勝訴（1人550万円）

2007年4月27日　最高裁敗訴（付言がつく）

2009年10月23日　和解成立

※和解内容：最高裁付言に基づき、被害者全員360人を対象とする和解が成立。和解金2億5000万円。

6　京都大江山訴訟（大江山ニッケル鉱山での強制労働、連行被害者は200人）

被告：国、日本冶金（現・日本冶金工業）

原告：6人

1998年8月14日　提訴（京都地裁）

2003年1月15日　京都地裁敗訴

2004年9月29日　大阪高裁で原告6人につき企業とのみ和解成立（1人350万円）

2006年9月27日　大阪高裁、国に敗訴

2007年6月12日　最高裁、国に敗訴

7　北海道訴訟（各地炭鉱労働）

被告：国、三井鉱山（現・日本コークス工業）、住友石炭鉱業（現・住石マテリアルズ）、熊谷組、新日本製鐵（現・新日鉄住金）、地崎組（現・岩田地崎建設）、三菱鉱業（現・三菱マテリアル）

原告：43人

1999年9月1日　提訴（札幌地裁）

2004年3月23日　札幌地裁敗訴

2007年6月28日　札幌高裁敗訴

2008年7月8日　最高裁敗訴

8　新潟訴訟（新潟港での港湾荷役、連行
被害者は 901 人）
被告：国、新潟臨港開発（現・リンコーコー
ポレーション）
原告：12 人
1999 年 8 月 31 日　提訴（新潟地裁、3 回
に分けて提訴）
**2004 年 3 月 26 日　新潟地裁勝訴（1 人
800 万円）**
2007 年 3 月 14 日　東京高裁敗訴
2008 年 7 月 4 日　最高裁敗訴

9　福岡第 1 陣訴訟（炭鉱労働、事業場
は三井三池炭鉱、田川炭鉱など多くに分
かれている）
被告：国、三井鉱山（現・日本コークス工業）
原告：15 人
2000 年 5 月 10 日　提訴（福岡地裁）
**2002 年 4 月 26 日　福岡地裁、三井鉱山に
勝訴（1 人 1100 万円）**
2004 年 5 月 24 日　福岡高裁敗訴
2007 年 4 月 27 日　最高裁敗訴

10　群馬訴訟（利根川の水力発電所工事
など）
被告：国、間組（現・ハザマ）、鹿島組（現・
鹿島建設）
原告：48 人（被害者・遺族）
2002 年 5 月 27 日　提訴（前橋地裁）
2007 年 8 月 29 日　前橋地裁敗訴
2010 年 2 月 9 日　東京高裁敗訴
2011 年 3 月 1 日　最高裁敗訴

11　福岡第 2 陣訴訟（炭鉱労働）
被告：国、三井鉱山（現・日本コークス工
業）、三菱鉱業（現・三菱マテリアル）
原告：45 人
2003 年 2 月 28 日　提訴（福岡地裁）
2006 年 3 月 29 日　福岡地裁敗訴
2009 年 3 月 9 日　福岡高裁敗訴
2009 年 12 月 24 日　最高裁敗訴

12　長崎訴訟（三つの炭鉱での強制労働）
被告：国、長崎県、三菱鉱業（現・三菱マ
テリアル）、三菱重工
原告：10 人
2003 年 11 月 28 日　提訴（長崎地裁）
2007 年 3 月 27 日　長崎地裁敗訴
2008 年 10 月 20 日　福岡高裁敗訴
2010 年 1 月 6 日　最高裁敗訴

13　宮崎訴訟（三菱槇峰銅鉱山での強制
労働、連行被害者は 250 人）
被告：国、三菱鉱業（現・三菱マテリアル）
原告：13 人
2004 年 8 月 10 日　提訴（宮崎地裁）
2007 年 3 月 26 日　宮崎地裁敗訴
2009 年 3 月 27 日　福岡高裁宮崎支部敗訴
2010 年 5 月 27 日　最高裁敗訴

14　山形酒田訴訟（山形県酒田港での港
湾荷役、連行被害者は 338 人）
被告：国、酒田港湾運送（現・酒田海陸運送）
原告：12 人
2004 年 12 月 17 日　提訴（山形地裁）
2008 年 2 月 12 日　山形地裁敗訴
2009 年 11 月 20 日　仙台高裁敗訴
2011 年 2 月 18 日　最高裁敗訴

15　石川県七尾訴訟（七尾港での港湾荷役）
被告：七尾海陸運送（国は被告でない）
原告：4 人
2005 年 9 月・2006 年 12 月　提訴（金沢
地裁）
2008 年 10 月 31 日　金沢地裁敗訴
2010 年 3 月 11 日　名古屋高裁金沢支部
敗訴
2010 年 7 月 21 日　最高裁敗訴

※1・5・12・15 は中国人戦争被害賠償請
　求事件弁護団以外の弁護団が提起
※太字強調部分は、勝訴した裁判
※出典：中国人戦争被害賠償請求事件弁護
　団『JUSTICE　中国人戦後補償裁判の記
　録』（高文研、2021 年）収録の表を転載

◆参考文献・史料一覧◆

【強制連行・強制労働一般】			
書　名	編・著者名	発行者名	発行年
草の墓標	中国人強制連行事件資料編纂委員会	新日本出版社	1964
朝鮮人強制連行の記録	朴慶植	未来社	1965
日本土木建設業史	土木工業協会・電力建設業協会	技報堂	1971
天皇制国家と在日朝鮮人	朴慶植	社会評論社	1976
霊川の流れは永遠に	「霊川の流れは永遠に」編集委員会	木曽谷発電所建設殉難中国人慰霊碑建立実行委員会	1983
赤い川	大野俊	第三書館	1986
資料中国人強制連行	田中宏他	明石書店	1987
資料中国人強制連行の記録	田中宏他	明石書店	1990
強制連行された朝鮮人の証言	朝鮮人強制連行真相調査団	明石書店	1990
地下工場と朝鮮人強制連行	兵庫朝鮮関係研究会	明石書店	1990
証言する風景　名古屋発／朝鮮人・中国人強制連行の記録	「証言する風景」刊行委員会	風媒社	1991
証言・清算されていない朝鮮支配	戦争犠牲者を心に刻む会	東方出版	1991
石川県における朝鮮人戦時労働力動員1〜3	小松現代史の会	私家版	1992〜93
中国人強制連行の軌跡	上羽修	青木書店	1993
強制連行の企業責任	古庄正・田中宏・佐藤健生他	創史社	1993
幻の外務省報告書	ＮＨＫ取材班	日本放送出版協会	1994
戦後補償問題資料集1〜9	戦後補償問題研究会	私家版	1994
アボジ	権載玉	朝鮮青年社	1994
中国人強制連行	戦争犠牲者を心に刻む南京集会	東方出版	1995
故郷への轍	故郷への轍冊子刊行委員会	私家版	1995
外交文書で語る日韓併合	金膺龍	合同出版	1996
朝鮮人強制連行調査の記録　中部・東海編	朝鮮人強制連行真相調査団	柏書房	1997
日本企業の戦争犯罪	古庄正・田中宏・佐藤健生	創史社	2000

穴から穴へ13年　劉連仁と強制連行	早乙女勝元	草の根出版会	2000
朝鮮人強制連行調査の記録　関東編1	朝鮮人強制連行真相調査団	柏書房	2002
中国人強制連行	杉原達	岩波書店	2002
日朝関係史論集 姜徳相先生古稀・退職記念	姜徳相先生古稀・退職記念論文集刊行委員会	新幹社	2003
朝鮮人戦時労働動員	山田昭次他	岩波書店	2005
戦時朝鮮人強制労働調査資料集 ―連行先一覧・全国地図・死亡者名簿	竹内康人編著	神戸学生青年センター出版部	2007
戦時朝鮮人強制労働調査資料集② ―名簿・未払金・動員数・遺骨・過去清算	竹内康人編著	神戸学生青年センター出版部	2012
朝鮮人強制連行	外村大	岩波書店	2012
もう一つの強制連行　謎の農耕勤務隊	雨宮剛	私家版	2012
調査・朝鮮人強制労働 ③発電工事・軍事基地編	竹内康人	社会評論社	2014
調査・朝鮮人強制労働 ④軍需工場・港湾編	竹内康人	社会評論社	2015
中国人強制連行事件の歴史	飯田日中友好協会	飯田日中友好協会	2018

【長野県全体】			
書　　名	編・著者名	発行者名	発行年
長野県警察史（概説編・各論編）	長野県警察本部警務部	長野県警察本部	1958
長野県史　近代史料編（第4・第5巻4）	長野県	長野県史刊行会	1988
僕らの街にも戦争があった	長野県歴史教育者協議会	銀河書房	1988
長野県史　通史編（第9巻）	長野県史編纂委員会	長野県史刊行会	1990
1945年8月14日時点の長野県下の軍隊・軍事施設	篠ノ井旭高校郷土研究班	私家版	1992
信州昭和史の空白	信濃毎日新聞社編集局	信濃毎日新聞社	1993
戦争を掘る	長野県歴史教育者協議会編集委員会	長野県歴史教育者協議会	1994
韓国聞き取り調査報告集	長野県強制労働調査ネットワーク	私家版	2013

【東北信】			
書　名	編・著者名	発行者名	発行年
木戸幸一日記	木戸日記研究会	東京大学出版会	1966
昭和史の天皇3	読売新聞社	読売新聞社	1968
悲しみの砦	和田登	岩崎書店	1977
キムの十字架	和田登	ほるぷ出版	1983
松代庶民の歴史 3	松代海津大学園運営委員会	長野市松代公民館	1985
松代大本営　解説と資料	松代大本営資料研究会	松代大本営資料研究会	1986
銃後の街　戦時下の長野	川上今朝太郎	大月書店	1986
図録　松代大本営	和田登	郷土出版社	1987
松代大本営と崔小岩	松代大本営の保存をすすめる会	平和文化	1991
松代大本営を考える	山根昌子	新幹社	1991
松代地下大本営	林えいだい	明石書店	1992
長野が空襲された	長野空襲を語り継ぐ会	私家版	1995
上田地下飛行機工場	仁古田等地下飛行機工場調査保存の会	私家版	1995
改訂版　松代大本営　歴史の証言	青木孝寿	新日本出版社	1997
岩陰の語り	松代大本営労働証言集編集委員会	郷土出版社	2001
フィールドワーク松代大本営	松代大本営の保存をすすめる会	平和文化	2002
望月陸軍士官学校	望月高校	私家版	2004
新版ガイドブック松代大本営	松代大本営の保存をすすめる会	新日本出版社	2006
大本営関連通信基地・弾薬庫・燃料基地	須坂公民館松代大本営鎌田山通信基地研究会	私家版	
沖縄決戦　高級参謀の手記	八原博通	中央公論新社	2015

【中信】			
書　名	編・著者名	発行者名	発行年
村誌王滝	王滝村	王滝村	1961
高瀬入	井上茂	前田建設企画室	1968

熊谷組社史	熊谷組	熊谷組	1968
穂高町の十五年戦争	穂高町戦争体験を語りつぐ会	郷土出版社	1987
間組百年史　1889 – 1945	間組	間組	1989
松本市における戦時下軍需工場の外国人労働実態調査	松本市史近代・現代部門編集委員会	松本市	1992
里山辺における朝鮮人・中国人強制労働の記録	里山辺朝鮮人・中国人強制労働調査団	私家版	1992
訪中調査報告集	里山辺朝鮮人・中国人強制労働調査団	私家版	1996
訪中調査報告集「私たちの街にも侵略戦争があった」	松本強制労働調査団	私家版	2006

【南信】			
書　　名	編・著者名	発行者名	発行年
長野県における中国人俘虜殉難の事情と慰霊実行の中間報告	中国人俘虜殉難者慰霊長野県実行委員会	私家版	1963
南信濃村史　遠山	南信濃村史編纂委員会	南信濃村	1976
日本のダム開発	森薫樹・永井大介	三一書房	1986
西箕輪小学校百年史	西箕輪小学校百年史刊行委員会	刊行委員会	1986
天龍村史	天龍村史編纂委員会	天龍村	2000
平和を今こそ　諏訪鉄山と捕虜収容所ものがたり	伊藤岩廣	長野日報社	2009
諏訪鉄山	諏訪鉄山の歴史保存をすすめる会	私家版	2009
戦争遺跡としての諏訪鉄山の諸問題	五味省七	私家版	2009
65年目の平岡ダム	平岡ダムの歴史を残す会	私家版	2011
長野県・満島収容所	名倉有一	私家版	2013
飯島発電所とその隧道工事についての調査研究	飯島発電所とその隧道工事についての調査研究会	私家版	2014

◆本書関連略年表◆

※印はこの年のできごと

年	月	国内	月	長野県
1910	8	韓国併合		
1931	9	柳条湖事件（満州事変始まる）		
1932	3	満州国建国		
1937	7	盧溝橋事件（日中戦争始まる）		
	12	南京事件		
1938	4	国家総動員法公布		
1939	7	朝鮮総督府・労務動員計画施行（募集）		
	9	ドイツのポーランド侵攻（第2次大戦勃発）		
1940			※	平岡ダム建設開始
1941	12	マレー半島・真珠湾攻撃 （アジア太平洋戦争始まる）	※	大町・昭和電工への朝鮮人労務者 動員始まる
1942	1	マニラ占領		満島俘虜収容所設置
	2	シンガポール占領	※	諏訪鉄山の生産拡充
	3	朝鮮労務協会による労務動員（官斡旋）開始		御嶽・上松発電所建設工事開始、 朝鮮人労務者動員始まる
	3	ジャワのオランダ軍降伏		
	6	ミッドウェイ海戦敗北		
	11	「華人労務者内地移入ニ関スル件」を 閣議決定、中国人の強制連行始まる		
1943	2	ガダルカナル撤退	3	松本飛行場建設に着手
	5	アッツ島守備軍全滅	7	「長野県工業計画要綱」決定
	9	絶対国防圏設定		
1944				日本焼結株式会社、操業開始
			※	松本飛行場建設に朝鮮人労務者動員始まる
				諏訪鉄山に朝鮮人労務者動員始まる
			2	飯島発電所建設工事開始
	7	サイパン島守備軍全滅 インパール作戦中止	6	平岡ダム工事に中国人労務者動員（熊谷組）
	7	捷号作戦準備命令		
	9	朝鮮において国民徴用令による徴用開始	10	松代大本営工事（マ 10.4 工事）始まる
	10	レイテ沖海戦（捷一号作戦）敗北	11	松代へ朝鮮人労務者動員始まる
1945	1	「帝国陸海軍作戦計画大綱」（本土決戦準備）	※	松本里山辺・中山に地下・半地下工場 建設開始
	2	近衛文麿が戦争終結を上奏 朝鮮での徴兵開始	1	長野飛行場建設工事始まる
	3	硫黄島守備軍全滅・東京大空襲・沖縄戦始まる	3	木曽谷事件起こる
	4	大本営「決号作戦準備要綱」発令	5	上伊那を中心に県下に農耕勤務隊動員
	6	沖縄戦での組織的戦闘終結	6	信濃町に木曽からの中国人労働者移動 上田地下工場建設開始
	7	ポツダム宣言発表	7	上田に朝鮮人労務者動員（松代工事などから） 松本・中山地区に中国人労務者 （相模湖・静岡から）
	8	広島・長崎に原爆投下、ソ連対日参戦 ポツダム宣言受諾（敗戦）		

192

あ と が き

　1980年代後半以降、全国で戦争遺跡や空襲の記録、戦争体験者の証言など
を掘り起こす取り組みが盛んになりました。長野県で特徴的だったのは、こう
した取り組みに数多くの中学生や高校生が参加したことです。文化祭の発表に
向けて、あるいは高校生平和ゼミナールの活動のなかで、地域の戦争を調べ体
験者をたずねて証言を聞き発表する、そんな若者の活動に励まされ市民や歴史
教育者などの大人も活発な活動をみせました。こうしたなかで、県内で強制労
働の実態解明に取り組んでいた市民団体と個人のメンバーが、共同で調査・研
究、情報交換を進めようと2010年に長野県強制労働調査ネットワークを結成
し、各地でフィールドワークやシンポジウムを開催し、韓国・中国に調査団を
派遣して聞き取りをおこなってきました。本書は、こうした10年余の私たち
の取り組みの1つの到達点です。

　私たちが常に問題意識として持ち続けたことは、長野県における強制連行・
強制労働の実態の解明をとおして、侵略戦争の本質や日本の加害のありようを
明らかにすることでした。そして本書の刊行の一番の目的は、強制労働させら
れた人々の生の声を次の世代に伝えていくことにありました。そのことは、「国
家無答責」「損害賠償請求権の放棄」などを盾に、朝鮮人や中国人労働者に対
する国家としての責任をうやむやにしている日本政府や、加害の事実を覆い隠
しアジア太平洋戦争を正当化し美化する人たちへの憤りと異議申し立てでもあ
ります。
　本書に収録された数多くの体験者の証言からは、朝鮮人・中国人に対する「強
制」があったこと、日本人に対するのとは明らかに異なる民族差別が存在して
いたことがわかります。
　誰が強制連行・強制労働をおこなったのか、その責任は明らかにされたのか
……、あの戦争から80年も過ぎてなお、こうした問いを投げかけ続けなけれ
ばならないのが現状です。加害の事実に真摯に向き合い、責任の所在を明らか
にすることこそが和解に通ずる唯一の道ではないでしょうか。生活の基盤も、
人間としての尊厳もうばわれたまま歳を重ねる朝鮮・韓国、中国の被害者たち。
彼らの肉声を聴く機会はもはや限られています。どうか本書の1つ1つの証

言に耳をかたむけてみてください。彼らの心情や置かれた状況を想像し、共感してください。

　日本がかつて支配し、侵略したアジアの国々で繰り返した加害の数々。本書で取り上げた外国人強制連行・強制労働はその象徴のひとつです。同時に、人権を踏みにじることに痛みを感じないわが国の有り様は、日本国民に対しても人権を抑圧し犠牲を強いることになりました。現代にあっても偏狭な排外主義や民族差別、外国人差別が横行していますが、こうした風潮に抗して、ひとり一人が尊重される日本をつくることが、真の平和を実現する第一歩なのではないでしょうか。軍事力の強化、核兵器の保持までが声高に叫ばれる現状に強い危機感を感じ、「平和の種を蒔きたい」と願って本書は作られました。日本をふたたび「戦争する国」にしないための営みに、少しでも寄与することができれば幸いです。

　研究や著述が専門ではない私たちは、市民としての視点を大切にして本作りを進めてきました。分担して執筆した原稿はすべて全員で読み合わせをし、内容はもちろん表現の細部に至るまでくりかえし意見交換をしました（したがって、執筆分担はありますが本書の文責はネットワーク全体にあります）。月に１〜２回のペースで中信の松本に集まって編集会議を開く（北信の長野、南信の飯田のメンバーは毎回、往復で200キロメートル近い距離を移動しました）、そんなハードな作業も気が付けば５年余が経過しました。

　この間、本書の役割と刊行の意義を明確に指し示し、挫けそうな私たちを励ましていただいた監修の山田朗教授、遅々として進まない私たちの作業をあたたかく支えてくださった高文研の真鍋かおるさんに心から感謝します。

　最後までお読みいただきありがとうございました。

2023年8月15日

長野県強制労働調査ネットワーク

【監修】
山田 朗（やまだ　あきら）
1956 年生まれ。明治大学文学部教授（日本近現代軍事史）、明治大学平和教育登戸研究所資料館館長。歴史教育者協議会委員長。主な著書に『大元帥 昭和天皇』（ちくま学芸文庫）『軍備拡張の近代史』（吉川弘文館）『日本は過去とどう向き合ってきたか』（高文研）ほか。

【執筆】（50 音順）
北原 高子（きたはら　たかこ）
長野県須坂市在住。NPO 法人松代大本営平和祈念館理事、戦争遺跡保存全国ネットワーク会員、信州の教育と自治研究所運営委員。

小島 十兵衛（こじま　じゅうべい）
長野県松本市在住。松本強制労働調査団代表、平和のための信州戦争展長野県連絡センター事務局長、歴史教育者協議会会員。

近藤 泉（こんどう　いずみ）
長野県松本市在住。松本強制労働調査団会員、NPO 法人松代大本営平和祈念館会員。

幅 国洋（はば　くにひろ）
長野県安曇野市在住。NPO 法人松代大本営平和祈念館会員、松本強制労働調査団会員、戦争遺跡保存全国ネットワーク事務局長、歴史教育者協議会会員。

原 英章（はら　ひであき）
長野県下伊那郡喬木村在住。「平岡ダムの歴史を残す会」代表、歴史教育者協議会会員。

【執筆協力者】
伊東　昇
唐木　達雄
五味　省七
齋藤　まさ子
平川　豊志
目澤　民雄
峯村　勉
和田　登

長野県強制労働調査ネットワーク（構成団体連絡先）

NPO 法人松代大本営平和祈念館

〒 381-1231　長野市松代町松代 1461

電話 026-214-1557 ／ Fax 026-262-1831

E-mail：kibonoie@nifty.com

松本強制労働調査団

〒 390-0861　松本市蟻ケ崎 6-8-1　小島十兵衛気付

電話・Fax 0263-33-9123

E-mail：jyubei@mrh.biglobe.ne.jp

平岡ダムの歴史を残す会

〒 399-2611　飯田市上久堅 5427-2　北沢健二気付

電話 090-4438-5709

E-mail：xd235233@bc4.so-net.ne.jp

本土決戦と外国人強制労働

長野県で働かされた朝鮮人・中国人・連合国軍捕虜

● 2023 年 9 月 25 日 ──────────── 第 1 刷発行

編 著 者／**長野県強制労働調査ネットワーク**

監　　修／**山田　朗**

発 行 所／株式会社 **高 文 研**

　　　　　東京都千代田区神田猿楽町 2-1-8　〒 101-0064

　　　　　TEL 03-3295-3415　振替 00160-6-18956

　　　　　https://www.koubunken.co.jp

印刷・製本／中央精版印刷株式会社

★乱丁・落丁本は送料当社負担でお取り替えします。

ISBN 978-4-87498-859-6　C0021

近代日本の戦争を記憶する

JUSTICE 中国人戦後補償裁判の記録
中国人戦争被害賠償請求事件弁護団編著
中国人たちの思いを受け止め、司法の高い壁にたたかいを挑んだ日本の弁護士・市民の記録。
2,500円

日中歴史和解への道
松岡肇著
全ての裁判で事実が認定された戦争犯罪の責任を認め、補償の道すじを説く。
1,500円

中国人強制連行の生き証人たち
鈴木賢士著
戦時下、日本に連行された中国人の過酷な実態を、生き証人の姿と声で伝える。
1,800円

日吉台地下壕 大学と戦争
阿久澤武史・都倉武之他
慶應大学日吉キャンパスの地下に眠る連合艦隊司令部。いまも残る戦争の重要遺跡を伝える。
1,900円

沖縄陸軍病院南風原壕
古浜忍・大城和喜他
戦争の実相を伝える戦争遺跡（病院壕）の発掘・調査から公開に至る20年の記録。
1,600円

首里城地下 第32軍司令部壕
牛島貞満著
首里城の復興・再建が注目される今、地下司令部壕を戦争遺跡として保存・公開を提案する。
1,500円

日本人は過去とどう向き合ってきたか
山田朗著
日本の極右政治家が批判する〈河野・村山・宮沢〉歴史三談話と靖国問題を考える。
1,700円

日中戦争全史 上
笠原十九司著
対華21カ条要求からアジア太平洋戦争敗戦までの全体像を日中欧米の資料を駆使して叙述。
2,300円

日中戦争全史 下
笠原十九司著
これまでの歴史書にない日中全面戦争とアジア太平洋戦争の全体像を描く。
2,300円

日韓会談1965
吉澤文寿著
長年未公開だった日韓会談の交渉記録約10万点の史料を分析した画期的な研究成果。
2,200円

サハリン残留
玄武岩・パイチャゼ・スヴェトラナ著
日本敗戦から現在まで、国策に翻弄されながらも国境を越えて逞しく生きる人々の記録。
2,000円

第2版 未来をひらく歴史
日中韓3国共通歴史教材委員会編
日本・中国・韓国の研究者・教師らが共同編集・執筆を経て作り上げた先駆的近現代史！
1,600円

石碑と銅像で読む 近代日本の戦争
歴史教育者協議会編著
幕末からアジア太平洋戦争まで、近代日本の「戦争」を各地に残る石碑や銅像で読み解く。
1,600円

731部隊全史
常石敬一著
多年にわたる研究の集大成！ 石井四郎が組織した「石井機関」の全貌に迫る。
3,500円

日本人と戦争責任
斎藤貴男・森達也著
思考停止状態に陥った日本社会の惨状を語り、異論排除の暴力に警告を発する。
1,700円

だまされることの責任
魚住昭・佐高信著
日本敗戦、日本人の多くは「だまされた」と言った。再び「だまされた」と人々は言うのか。
1,500円

「戦場体験」を受け継ぐということ
遠藤美幸著
援蒋ルートの要衝・拉孟（らもう）を巡る日本軍と中国軍の百日間にわたる激闘の記録。
2,200円

戦争を悼む人びと
シャーウイン裕子著
「加害」の記憶を抱きしめる——戦争の内省を重ねてきた戦場体験者と未体験者の証言集。
2,000円